Pierre Franckh

Erfinde dich **neu!**

arkana

Verlagsgruppe Random House FSC® N001967
Das für dieses Buch verwendete FSC®-zertifizierte Papier *Tauro*
liefert Sappi, Stockstadt.

5. Auflage
Originalausgabe
© 2013 Arkana, München,
in der Verlagsgruppe Random House GmbH
Co-Autorinnen: Michaela Merten, www.Michaela-Merten.de, Julia Franckh
Lektorat: Isabella Kortz, www.isabella-kortz.de
Illustrationen: Barbara Liera Schauer, www.derkleineYogi.at
Autorenfoto: © Armin Brosch
Layout: Claudia Sanna, atelier-sanna.com
Satz: Lorenz & Zeller, Inning am Ammersee
Umschlaggestaltung: Uno Werbeagentur, München
Druck und Bindung: Uhl, Radolfzell
Printed in Germany
ISBN 978-3-442-34125-2

www.arkana-verlag.de

Pierre Franckh

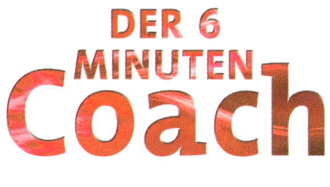

DER 6 MINUTEN Coach

Erfinde dich **neu!**

arkana

Inhalt

I Erfinde dich neu

Wenn wir uns neu erfinden 8
Das 6-Minuten-Prinzip 10
Warum 6 Minuten? 11
In diesem Buch tun wir drei Dinge: 13
    1. Mit mentalem Training Wunder bewirken 14
    2. Wie wir unsere Überzeugungen verändern können 25
    3. Die Macht der positiven Gedanken 29
Warum haben wir mehr negative als positive Gedanken? 32
Die beste Zeit für die 6-Minuten-Übungen 36
Mit den 6-Minuten-Übungen erreichen wir Folgendes 40

II Wer bin ich?

Die Wegweiser finden 44
Wer bin ich? 50
Die emotionale Landkarte 53
Von Kindern über sich selbst 57
Einfach loslassen, was dich belastet 64
Mein Kinderzimmer 69
Welchen Raum nimmst du dir heute? 73
Was ist Lebensfreude für dich? 79

III Wer will ich sein?

Wer will ich sein? 86

Warum vergessen wir, dass wir bereits soviel können? 96

Meine Ideen sind wertvoll 107

Überzeuge dich davon, dass du dich neu erfinden kannst . . . 111

Die Sache mit der Komfortzone 117

Meine ganz eigenen Ziele 123

IV Wie erfinde ich mich neu?

Wie erfinde ich mich neu? 130

Die Kraft der Entscheidung 132

Die Ziele präzisieren 137

Das Wunder der kleinen Zwischenschritte 142

Die Kraft der Imagination – den Zielen Bilder geben 147

Wie du mental an deinem Ziel dranbleiben kannst 150

Warum Affirmationen so wirkungsvoll sind 151

Die Top 10 der beliebtesten und erfolgreichsten
Affirmationen 154

Dankbarkeitspäckchen packen 156

Was wolltest du schon immer einmal tun? 163

Beständigkeit ist gefragt 168

Wie viele Versuche gibst du dir? 170

Geschafft! 172

Anhang

Anhang 175

Erfinde
dich
neu

Wenn wir uns neu erfinden

Sich neu zu erfinden, ist einfach. Denn alles Neue liegt bereits in uns. Dort lag es schon immer. Es schlummerte bis jetzt nur.

Manchmal haben wir einige Talente oder auch Teile unserer Potenziale einfach nicht mehr weiterentwickelt. Dann warten sie noch auf uns. Meistens sogar, ohne dass wir es wissen.

Hin und wieder haben wir vielleicht nur so ein unbestimmtes oder merkwürdiges Gefühl, dass wir uns selbst nicht wirklich ganz leben. Etwas fehlt noch.

Ab und zu denken wir auch: »Das kann doch nicht alles gewesen sein.«

Das war es auch nicht.

Wir brauchen uns nur wieder mit uns selbst zu verbinden. Mit unseren Gefühlen, Sehnsüchten und Zielen.

Genau dafür genügen 6 Minuten am Tag.

Betrachte dein Leben.

Ist es das, was du dir vorgestellt hast?

Mit 6 Minuten täglich
kannst du es zu dem Leben werden
lassen, welches du dir wünschst.

6 Minuten klingt wenig.
Ist es im Grunde auch ...

Das 6-Minuten-Prinzip

Wir haben 240-mal am Tag 6 Minuten zur Verfügung.
Unser Leben sollte uns wertvoll genug sein, einen zweihundertvierzigstel Teil unseres Tages für uns selbst aufzuwenden.

6 Minuten klingt wenig. Aber stell dir vor:

… 6 Minuten jeden Tag sind 3 Stunden im Monat und 36 Stunden im Jahr. Genügend Zeit, unser Gehirn zu trainieren, damit wir ein neues, anderes Leben beginnen können.

Das 6-Minuten-Prinzip ist eine ebenso einfache wie effektive Methode, seine Ziele und Visionen zu erreichen.
Es nutzt und vereint die Elemente der positiven Psychologie und die Erkenntnisse der modernen Hirnforschung.

Bereits durch 6 Minuten Üben pro Tag ist es möglich, in unserem Gehirn neue Routinen aufzubauen, welche nach rund 21 Tagen vollkommen automatisch ablaufen können.

Jede der Übungen ist einfach, leicht verständlich, schnell umzusetzen, spielerisch und äußerst effektiv. Du kannst mit ihnen alte überholte Gewohnheiten verändern und neue nützliche Gewohnheiten in deinem Gehirn verankern.

Die Übungen wandeln unser Selbstbild, fördern unsere Kreativität und setzen eine positive emotionale Aufwärtsspirale in Gang.

In 6 Minuten können wir unserem Leben eine ganz neue Richtung geben.

Warum 6 Minuten?

… oder: Die Sache mit der Beständigkeit.

In den vielen Jahren meiner Tätigkeit als Mentaltrainer habe ich eines erkennen dürfen: Alle langwierigen oder zeitraubenden Übungen werden, auch wenn sie noch so effektiv sind, nicht immer wirklich lange durchgehalten.
Als ich jedoch begann, die Übungen auf das Wesentliche, auf den inneren Kern zu reduzieren, und den Aufbau von emotionalen Automatismen beachtete, wurden die Erfolge wesentlich schneller erreicht und waren auch von dauerhafterer Natur.

Denn 6 Minuten ist die Zeitspanne, die wir gerne und bereitwillig in unseren Alltag integrieren. Und so entwickelte ich viele 6-Minuten-Übungen – manche sind sogar noch kürzer –, die unsere alten, überholten Gewohnheiten verändern und unsere negativen Gedankenstrukturen auf die gewünschte Zielgerade bringen sollen. Wenn wir unser Leben ändern wollen, benötigen wir Übung und Beständigkeit.

Erfolgreiches mentales Training setzt Beständigkeit voraus.

Mit unseren Zweifeln und negativen Gedanken sind wir schließlich ebenfalls beständig. Die üben wir auch jeden Tag. Und da jeder Zweifel ebenso pures mentales Training für unser Gehirn ist, nur eben in eine andere Richtung, sollten wir dem etwas entgegensetzen. Und zwar genauso konsequent und beständig. Der Erfolg mit diesen kurzen Übungen ist beeindruckend.

Spielerisch, leicht und voller Freude verändern unsere Seminarteilnehmer nun seit Jahren ihr Leben. Das Bemerkenswerteste dabei ist, dass sie bei der regelmäßigen Umsetzung der 6-Minuten-Übungen berichten, sie könnten nun auch größere Herausforderungen wesentlich leichter lösen.

Gewöhne dir jeden Abend eine dieser 6-Minuten-Übungen an – wie mentales Zähneputzen – und dein Leben kann sich vollständig ändern.

In diesem Buch tun wir 3 Dinge:

1. Wir nutzen die Kraft des mentalen Trainings, um unsere Ressourcen voll auszuschöpfen.

2. Wir verändern unsere Überzeugungen und dadurch unser Erleben.

3. Wir nutzen das Wissen der positiven Grundeinstellung und erweitern auf diese Weise unsere Wahrnehmung.

1. Mit mentalem Training Wunder bewirken

Urplötzlich fiel ein Triebwerk aus. Mitten im Steigflug. Die Boeing 737 kippte zur Seite, kam in eine gefährliche Schräglage und verlor rasant an Höhe. Die größte Horrorvorstellung für jeden Piloten war eingetreten. Panik machte sich bei den Passagieren breit.

Aber der Pilot reagierte scheinbar nicht. Er saß seelenruhig da. Eineinhalb Sekunden lang. Er zwang sich regelrecht, zu warten. Wie er es gelernt hatte. Jahrelang hatte er solche Situationen im Flugsimulator geübt. Immer und immer wieder mental, bis ins kleinste Detail, solche und ähnliche Szenen gedanklich durchgespielt. Auch in seiner Freizeit, wenn er an der Isar entlangradelte, ging er ständig im Kopf solche Abläufe durch.

Jetzt, im Ernstfall, obwohl der Puls zu rasen begann und ihm der Atem wegblieb, versuchte er erst einmal, mental zur Ruhe zu kommen. Eineinhalb Sekunden lang. Anstatt sofort und spontan das Höhenruder hochzureißen, war er darauf trainiert worden, zu warten und nicht zu reagieren.

Das Trainingsprogramm für Piloten sieht vor, zuerst mental zur Ruhe zu kommen, bis die inneren Bilder der Trainingssituation auftauchen.

Wir sind zu Höchstleistungen fähig. Gleichgültig, in welche Richtung. Wenn wir unsere mentale Kraft für unseren Erfolg einsetzen, können wir mehr erreichen, als wir jetzt vielleicht ahnen. Mentales Training bereitet uns vor, damit wir das Beste aus uns herausholen können.

Das Flugzeug stürzte zur Erde. Und der Pilot wartete. In Millisekunden liefen alle notwendigen Handlungsabläufe vor seinem geistigen Auge ab. Er kannte diese Situation aus dem Flugsimulator. Er war in solch einer Katastrophe regelrecht zu Hause, auch wenn er sie noch nie live erlebt hatte.
Erst als der Pilot mental völlig ausgeglichen war, brachte er das Flugzeug wieder in eine stabile Lage. Und dann tat er all das, was er tausendmal in seinen Trainings durchgespielt hatte: Er korrigierte das Flugverhalten, beruhigte die Passagiere, die einen erstaunlich ruhigen und sicheren Kapitän zu hören bekamen, und brachte das Flugzeug sicher zurück zur Erde.[1]

Diese Verhaltensweise trainiert man im Standardprogramm der Lufthansa. Mentales Training für alle Notfälle. Zuerst zur Ruhe zu kommen, um alle Abläufe parat zu haben, die man gedanklich immer wieder durchgegangen ist.

> Piloten werden auf heikle Situationen vorbereitet, indem sie bereits lange vorher im Training ihre Vorstellungskraft und ihre Fantasie benutzen.

Der Flugsimulator täuscht einen Absturz vor und die Piloten trainieren gedanklich immer und immer wieder das Gleiche, damit das Gehirn alle nötigen Handlungen abspeichert und im Ernstfall automatisch liefert. Der Pilot war auf diesen Notfall bestens vorbereitet. Mentales Training half ihm, die Krise zu bewältigen.

Mitten im eigenen Kino

Das mentale Training ist eine gute und effektive Möglichkeit, um die negativen Selbstgespräche durch positive Gedankenketten zu ersetzen. Es lässt die neuen positiven und motivierenden Selbstgespräche zur Gewohnheit werden.

Am Anfang ist es noch ungewohnt. Aber es ist der schnellste Weg, um eingefahrene Denk- und Gefühlsgewohnheiten zu ändern.

Innerhalb des mentalen Trainings gibt es 2 Möglichkeiten:

1. Wir sind passive Zuschauer. Wir sitzen in unserem eigenen Kino und betrachten einen Film. Man nennt das in der Psychologie auch Dissoziation.

2. Wir sind aktive Teilnehmer. Und spielen die Hauptrolle. Wir befinden uns dann ganz direkt in der Situation.

Wir handeln. Wir fühlen, wir empfinden den Moment. Wir durchleben ganz bewusst die Gefühle, die damit verbunden sind. Das nennt man in der Psychologie Assoziation.

Mentales Training ist ... so tun als ob

Wenn es darum geht, die mentale Vorstellungskraft zu nutzen und Abläufe bereits vor dem geistigen Auge ablaufen zu lassen – zum Beispiel, wenn wir in die Vorfreude gehen oder so tun als ob –, bekommt man oft als Argument zu hören: »Das entspricht doch aber gar nicht der Wahrheit, das ist doch nur so etwas wie Tagträumen!«

Das stimmt. Aber für unseren Verstand ist es die Wahrheit. Er trainiert innere Abläufe, simuliert Situationen, ist dann durch das Training optimal vorbereitet – und fühlt sich sicher.

Ob Sportler, Politiker, Moderatoren, Ärzte, Manager, Tänzer, Piloten, Referenten oder Rennfahrer, sie alle müssen gut vorbereitet sein, um genau zum richtigen Zeitpunkt die gewünschte Leistung hervorzubringen.

Einem Referenten nützt es nichts, wenn er zwar viel Wissen besitzt und theoretisch Bescheid weiß, aber genau an dem Abend seines Auftrittes nicht optimal vorbereitet ist. Innerhalb einer kurzen Zeitspanne muss er zu überzeugen wissen.

Von ihm wird erwartet, dass er seine Nerven im Griff hat und ruhig und sicher ist, damit er seine Fähigkeiten zeigen und sein ganzes Potenzial entfalten kann. Genau aus diesem Grund ist es das, was im wirklichen Leben Hochleistungssportler, Künstler, das Militär oder Sicherheitskräfte immer wieder tun: »Sie tun so als ob.« Und dies nicht nur mental. Sie üben, üben, üben – jahrelang, mitunter sogar jahrzehntelang. Sportler simulieren immer und immer wieder den Wettkampf, um für alle Bedingungen gerüstet zu sein. Auch Musiker oder Schauspieler trainieren immer und immer wieder das Gleiche. Sie nennen dies nicht trainieren, sondern »proben« oder »üben«. Letztendlich »tun sie so als ob«. Sie sind körperlich und mental vollkommen daran beteiligt.

Sie alle nutzen die gleiche kraftvolle Methode, um optimal vorbereitet zu sein: Mentales Training. Sie gehen sämtliche Abläufe bereits vor ihrem geistigen Auge durch. Sie spielen immer und immer wieder die gleichen Situationen nach.

Ein guter Referent zum Beispiel hat seine Rede bereits viele, viele Male zu Hause oder im Büro vor einem imaginären Publikum aufgesagt.

Der Schauspieler hat unzählige Male mit seinen Kollegen Gänge, Gestik und Dialoge trainiert. Der Pilot hat alle Abläufe hundertmal im Simulator geübt und dem Gehirn gezielt vorgegeben, dass er bereits in einem echten Flugzeug säße.

Der Flugsimulator täuscht sogar alle Erschütterungen und Schräglagen vor, damit es so echt wie nur irgend möglich wirkt.

Mental vorbereitet zu sein, ist die beste Möglichkeit, all unsere Ressourcen und unsere Potenziale auszuschöpfen.

Muskeln aufbauen – allein mit unserer Vorstellungskraft

Lassen wir vor unserem inneren Auge Bilder ablaufen, benutzen wir also die Kraft unserer Imagination, ist dies für unseren Verstand und unseren Körper durchaus Realität. So konnte man feststellen, dass es Personen gab, die ihren Puls bis auf 160 Pulsschläge pro Minute ansteigen lassen konnten, wenn sie sich eine gefährliche Situation so bildlich wie nur möglich vorstellten.[2] Eine andere Person bekam bei einem wissenschaftlichen Versuch sogar Verbrennungsblasen auf dem Arm, als sie sich selbst einredete, dass die Münze, die man ihr auf den nackten Arm gelegt hatte, brennend heiß sei.

Wie ist das möglich?
Es passiert doch alles nur in unserem Kopf?

Wissenschaftler haben nun nachgewiesen, dass allein durch unsere Vorstellungskraft neuronale Aktivitäten in unserem Gehirn – im sogenannten »Gyrus cinguli« – enorm ansteigen können. Der Gyrus cinguli ist Teil unseres Limbischen Systems, also des entwicklungsgeschichtlich ältesten Teils unseres Gehirns. Und erstaunlicherweise werden genau von dort all jene Gefühle gesteuert, die von unserem Verstand unabhängig sind.

Wenn wir also in unsere Vorstellungskraft gehen, hat dies mehr mit unseren Emotionen zu tun. Und weniger mit unserem Verstand. Und schon gar nichts mit Logik.[3]

> Die stärkste Kraft entwickelt unsere Imagination, wenn sie mit intensiven Gefühlserlebnissen verbunden ist.

Und auch das hat die Wissenschaft festgestellt: Die stärkste Wirkung zeigt sich besonders in einem Zustand tiefer Entspannung.

Wenn wir Dinge immer und immer wieder tun, zum Beispiel beim Üben eines Instruments ganz bestimmte Finger-übungen wiederholen, dann ist dies nach einer gewissen Zeit sehr deutlich im motorischen Kortex unseres Großhirns sichtbar.

Dieser Bereich des Gehirns wird sogar physisch größer. Er wächst. Genau das Gleiche passiert aber ebenso, wenn wir diese Fingerübungen nur in Gedanken ausführen. Ohne Instrument. Also nur mit unserer Vorstellungskraft.[4]

Unsere Gedanken prägen und verändern unser Gehirn. Aber nicht nur das. Wir können mit unseren Gedanken so-gar unseren Körper beeinflussen. So hat der Sportpsychologe Dr. Dave Smith von der Manchester Metropolitan University einen interessanten Versuch unternommen.[5]

Er teilte Probanden in verschiedene Übungsgruppen ein. Die eine Gruppe der Probanden ließ er ganz bestimmte Körperübungen ausführen. Eine zweite Gruppe bat er, diese Übungen nur in Gedanken, also rein mental zu machen. Und eine dritte Gruppe durfte faulenzen.

Nach 4 Wochen gab es ein sehr erstaunliches Ergebnis. Die erste Gruppe, die tatsächlich trainiert hatte, steigerte die Muskelkraft. Und zwar um 30 Prozent. Wohingegen bei denen, die nur gefaulenzt hatten, kein Zuwachs von Muskeln festgestellt werden konnte. Bis hierhin also ein Ergebnis, das man durchaus erwarten konnte.

Überraschend war dagegen die Gruppe, die nur gedanklich trainiert hatte. Bei ihr gab es einen Muskelzuwachs von 16 Prozent. Allein durch die pure Einbildungskraft.[6]

2. Wie wir unsere Überzeugungen verändern können

Wie gut und leicht wir mit den 6-Minuten-Übungen tatsächlich unser Gehirn umprogrammieren und damit ein neues Leben kreieren können, das zeigt uns auch die moderne Hirnforschung.

Denn man kann dem Gehirn beim Denken zusehen.

Und das funktioniert mit einem modernen bildgebenden Verfahren inzwischen sogar außergewöhnlich gut. Man macht es mit einer sogenannten funktionellen Kernspin-tomografie (fMRT).[7]

Bereits im Jahr 2009 konnten japanische Wissenschaftler mithilfe dieser Technik zuverlässig erkennen, auf welche Buchstaben sich Probanden gerade konzentrierten. Man konnte mit einer fMRT ganze Wörter aus ihren Gehirn-aktivitäten ablesen.[8]

Diese funktionale Bildgebung zeigt inzwischen sogar, dass man alte Glaubensmuster nicht nur transformieren, sondern regelrecht überschreiben kann, indem alte negative Muster von neuen positiven Mustern umwickelt werden.

Diese Erkenntnis ist für uns natürlich sehr hilfreich. Vor allem für alle Zweifler, die gerne fragen: »Veränderung? Geht das denn so einfach? Und vor allem so schnell? Nachdem man ein Leben lang alte Glaubensmuster entwickelt hat?«

Da man inzwischen viele Bereiche im Gehirn sichtbar machen kann, hat man sehr genaue Kenntnisse darüber, welche Bereiche des Gehirns für bestimmte Tätigkeiten und Bilder zuständig sind. Und so weiß man auch, wo wir unsere jeweiligen Überzeugungen abgespeichert haben.

So können wir – wenn wir neue Denkweisen nutzen – sehr genau die Veränderungen des Gehirns beobachten. Man macht dies mit einer Magnetresonanztomografie (MRT).

Und jetzt wird es wirklich interessant. Wissenschaftler konnten nun sogar auf sogenannten CT-Aufnahmen (CT = Computertomografie) des Gehirns sehr genau beobachten, wie neue neurologische Muster die alten neurologischen Muster überschreiben.[9]

Das Gehirn löscht dabei alte Muster nicht, es umwickelt sie mit den neuen.

Man kann also weiterhin die alten Muster erkennen, denn diese sind noch immer da.

Aber sie sind wirkungslos geworden. Denn sie sind umgeben von neuen Mustern. Und genau diese Erkenntnis und Eigenschaft nutzen wir in den 6-Minuten-Übungen.

Fällt man jedoch in alte Denkmuster oder Überzeugungen zurück, werden die neuen Muster wieder ausgewickelt und die alten Erfahrungen, Erlebnisse, Weltbilder kommen erneut zum Tragen.

Wenn wir unsere Gedanken und Überzeugungen gezielt einsetzen, steht uns eine unendliche Fülle an neuen Dingen zur Verfügung, vor denen wir uns vielleicht jetzt noch unbewusst verschließen.

> Wenn wir uns darauf fokussieren, in welche Richtung wir uns entwickeln wollen, können wir mehr erreichen, als wir jetzt vielleicht ahnen.

Aus der Verhaltensforschung weiß man, dass es circa 21 Tage braucht, bis die neuen Verhaltensmuster etabliert sind und zu automatisch ablaufenden Gewohnheiten werden.

Bei regelmäßiger Anwendung dieser 6-Minuten-Übungen könntest du bis zum Ende dieses Buches ein neuer Mensch sein. Der Mensch, auf den du dich mental vorbereitest. Es beginnt im Kopf und zeigt sich dann im Leben.

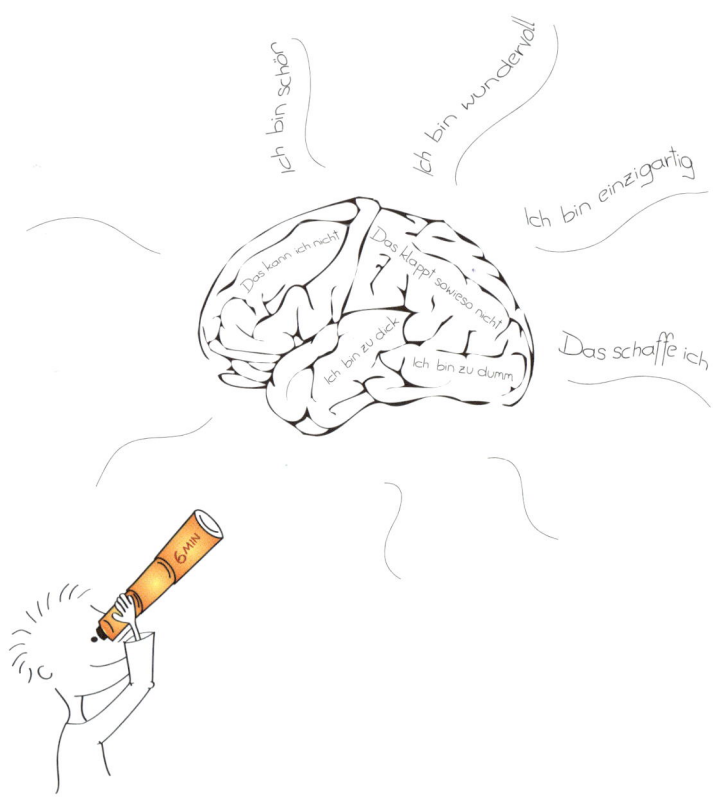

Ich bin schön

Ich bin wundervoll!

Ich bin einzigartig

Das kann ich nicht

Das klappt sowieso nicht

Das schaffe ich

Ich bin zu dick

Ich bin zu dumm

6 MIN

3. Die Macht der positiven Gedanken

Psychologen haben festgestellt, dass wir etwa 60.000 Gedanken am Tag denken. Die meisten von ihnen laufen völlig unbewusst ab. Die moderne Psychologie hat nun herausgefunden, dass, wenn wir unseren Gedanken keine ganz klar zielorientierte Richtung geben, diese eher negativer Natur sind.

Wir bemerken diese negative Tendenz nicht einmal mehr. Wir haben uns viel zu sehr an sie gewöhnt, als dass es uns noch sonderlich auffallen würde. Die meisten Menschen unterschätzen den Einfluss von negativen Gedanken.

Dabei spüren wir durchaus, wie negative Gedanken uns fertigmachen können. Wie wir durch sie wütend werden, uns ohnmächtig fühlen oder klein und hilflos, manchmal auch ausgeliefert.

Vor allem aber verhindert diese Negativität, dass wir neue Dinge wagen oder uns auf andere Menschen einlassen.[10]

> Negative Gedanken verhindern, dass wir uns
> auf uns selbst und auf andere einlassen und
> uns und anderen neue Dinge zutrauen.

Positive Gedanken dagegen führen und leiten uns in eine positive Richtung. Wir trauen uns wesentlich mehr zu, fühlen uns wohl, sind ausgeglichener und selbstbewusster. Sie helfen uns, bewusster am Leben teilzunehmen und mehr wahrzunehmen.

Sie erweitern unseren Wahrnehmungsfilter. Wir haben in der Tat weit mehr konstruktive Möglichkeiten zur Verfügung, als uns bewusst ist.[11] Eine positive Grundeinstellung ist eines der wesentlichsten Dinge für einen Neuanfang.

> Alle Meinungen und Sätze über uns oder andere sind Abschlussbefehle für unser Gehirn. Unser Gehirn richtet seine Wahrnehmung genau auf diese Gedanken aus, um unsere Erwartungen zu erfüllen. Wir denken uns regelrecht in eine Welt unserer Erwartungen hinein.

Das Gehirn arbeitet wie ein Computer

Unser Gehirn arbeitet alle Befehle ab, die man ihm gibt. Gedanken sind für unser Gehirn sehr klare Befehle. Dabei spielt es keine Rolle, ob wir sie bewusst oder unbewusst denken, ob sie automatisch ablaufen oder einfach nur eine Gewohnheit geworden sind, ob sie positiven oder negativen Charakter haben.

Wenn du wissen willst, welche Befehle du deinem Gehirn bis heute gegeben hast, dann sieh dir einfach einmal an, in welcher Welt du gerade lebst. Sie ist das Resultat deiner bisherigen Gedanken.

Interessanterweise unterscheidet das Gehirn sehr klar zwischen negativen und positiven Gedanken und speichert sie in getrennten Arealen ab:

Alle negativen Gedanken werden im rechten Frontallappen gespeichert. Er liegt oberhalb des Auges auf Höhe der Schläfe.

Alle positiven Gedanken werden genau gegenüber im linken Frontallappen gespeichert. Er liegt ebenfalls oberhalb des Auges auf der Höhe der Schläfe.

Und da unser Gehirn an der Stelle, die von uns stark benutzt wird, physisch wächst, also größer wird, kann man dies mittels Magnetresonanztomografie sehr gut sichtbar machen. Man kann also sehen, was wir vorrangig denken. Genauer gesagt, was wir bisher gedacht haben, denn so ist das jeweilige Areal größer oder kleiner geworden.

Die Medizin nennt übrigens den negativen Frontallappen scherzhaft den Jammerlappen.

Was glaubst du? Welcher Bereich ist bei dir mehr entwickelt? Denkst du eher negativ oder positiv? Zweifelst du eher oder bist du mehr hoffnungsvoll?

Warum haben wir mehr negative, als positive Gedanken?

Natürlich wissen wir alle, dass positive Gedanken besser für uns sind als negative. Dennoch kommen wir oftmals aus der Spirale der negativen Gedanken nicht heraus. Und das hat einen guten Grund:

> Wir Menschen verfügen über ein »katastrophisches« Gehirn. Unser Gehirn registriert mehr negative Dinge als positive.[12]

Vor langer, langer Zeit war es für uns Menschen lebenswichtig, Gefahren rechtzeitig zu entdecken und zu antizipieren. Wer diese Fähigkeit nicht hatte, überlebte einfach nicht.

Wir sind also nur auf der Welt, weil unsere Vorfahren diese Fähigkeit besaßen. Ohne diese Eigenschaft hätten unsere Vorfahren Feinde nicht rechtzeitig erkannt oder andere Gefahren ignoriert und wären ausgestorben. Und somit wären wir nie geboren worden.

Um zu überleben, mussten unsere Vorfahren sich also darauf fokussieren, was alles schieflaufen könnte. Alles, was kein Problem darstellte, also »gut lief«, wurde nicht wahrgenommen, weil es für das Überleben nicht wichtig genug war.

Aber was uns Menschen früher einmal zugutekam, ist für uns heutzutage eher hinderlich. Denn noch heute besitzen wir dieses Gehirn, das sich eher auf Probleme und Gefahren konzentriert als auf eine hoffnungsvolle Zukunft.

Es ist also kein Wunder, dass wir uns eher viel zu viele Sorgen machen oder uns lieber Katastrophen ausmalen, als uns auf das Schöne zu konzentrieren. Unser Gehirn hinkt der Zeit eben noch gewaltig hinterher und bremst uns in vielen Dingen, weil es noch immer so ausgelegt ist wie vor Tausenden von Jahren, als es nur darum ging, unseren Fortbestand zu sichern.

> All das, was bereits gut läuft, all das Positive in unserem Leben, wird von unserem katastrophisch ausgelegten Gehirn eher ausgeklammert und gar nicht bewusst wahrgenommen.

Noch immer ist unser Gehirn auf das fokussiert, was schieflaufen könnte. Die meisten Menschen erwarten daher eher etwas Schlechtes als etwas Gutes. Heute hat diese Einstellung einen gewaltigen Nachteil für uns. Genau diese negativen, zweifelnden, ängstlichen, misstrauischen Gedanken und Gefühle führen uns dahin, wo wir nicht sein wollen. Denn bekanntlich entwickelt sich unser Leben in die Richtung, in die unsere Gedanken und Überzeugungen laufen.

Wir sind unseren negativen Gedanken aber nicht hilflos ausgeliefert. Jeder von uns kann eine positive Grundeinstellung aufbauen und die negative Vormachtstellung transformieren.

Negative Gedanken entstehen von selbst, positive Gedanken sollten wir aktiv aufbauen.

Das Gehirn lernt schneller, als wir bisher gedacht haben. Es braucht nur ein wenig zielgerichtete Unterstützung, zum Beispiel durch unsere 6-Minuten-Übungen, um vorrangig positive Gedanken aufzubauen und im Zuge dessen, positive Überzeugungen auszubilden.

Um für uns eine glückliche und zufriedene Zukunft zu bauen, gilt es, diese Urprägung des katastrophischen Gehirns zu »überschreiben«.

Das gesamte Wasser des Meeres kann ein Schiff nicht zum Sinken bringen – bis es in das Innere des Schiffes dringt. Genauso kann die ganze Negativität dieser Welt uns nicht runterziehen, bis wir erlauben, dass sie in uns hineinkriechen darf.

Die beste Zeit für die 6-Minuten-Übungen

Natürlich können wir die Übungen immer und überall machen. Und dennoch gibt es eine Zeit, die ideal dafür ist.
Die Hirnforschung hat nämlich herausgefunden, das alles, was wir am Tag erfahren oder lernen, was wir hören oder denken, nicht am Tag gespeichert, sondern erst in der Nacht in unser Gedächtnis eingelagert wird.

Die Hirnforschung weiß inzwischen auch, dass alles, was wir kurz vor dem Schlafengehen tun oder erleben, noch wesentlich stärker in unser Gedächtnis eingebaut wird.

Machen wir also unsere 6-Minuten-Übungen abends vor dem Schlafengehen, dann bauen wir sie tiefer in unser Gedächtnis ein.
Und was wir durch die Übungen erfahren und erleben, wird rasch zu unserer neuen Wahrheit, da alles, was wir in unsere Erinnerung einbauen, schon sehr bald zu unserer erlebten Realität wird.

Auch Fragen, die bei manchen Übungen entstehen, kann unser Unterbewusstsein dann im Schlaf bearbeiten.

Wir geben unserem Schlafbewusstsein auf diese Weise den Auftrag, weiterhin nach Antworten zu suchen.

> Albert Einstein ging schlafen, wenn er keine Lösung für seine hoch komplizierten mathematischen Gleichungen fand – er wusste, am nächsten Morgen würde ihm die Antwort »in den Sinn« kommen.

Wir finden unsere Antworten sozusagen im Schlaf. Aus diesem Grund gibt es in diesem Buch auch Übungen, die wir an einem Tag beginnen und erst am nächsten Tag weiterführen. Denn am nächsten Tag, nach einem erholsamen – und gleichzeitig erkenntnisreichen – Schlaf, finden wir wesentlich mehr Antworten als zuvor.

Möchtest du rasche und schnelle Erfolge erzielen, nutze die Zeit vor dem Schlafengehen für deine Übungen. Gib deinem Schlafbewusstsein eine klare Richtung und baue dir dein Gedächtnis auf, wie du es dir wünschst.

Mentales Training ist daher kurz vor dem Schlafengehen sehr sinnvoll.

Die Sache mit der Konditionierung

Eine klassische Konditionierung ist ein automatisch ablaufendes Verhalten, das antrainiert wurde. Das berühmteste Beispiel kennen wir alle: den Versuch mit dem Pawlowschen Hund.

Aber auch wir Menschen haben uns ganz viele solcher klassischer Konditionierungen antrainiert.
Wenn wir uns zum Beispiel antrainiert haben, während des Fernsehens zu essen, dann bekommen wir automatisch Hunger, wenn der Film oder das Fußballspiel beginnt.
Klassische Konditionierungen können wir natürlich auch richtig gut für uns nutzen. Und zwar für unsere 6-Minuten-Übungen.

Wenn wir uns abends vor dem Schlafengehen angewöhnen, uns mit einer 6-Minuten-Übung zu beschäftigen, werden diese Übungen bald wie von selbst ablaufen. Es wird uns ein inneres Bedürfnis sein. Wir werden fast automatisch damit beginnen.

Wir beginnen wahrscheinlich schon lange vorher, uns gedanklich damit zu befassen.

Mit den 6-Minuten-Übungen erreichen wir Folgendes:

1. Wir bauen neue hilfreiche Routinen (Gewohnheiten) auf, die schon rasch selbstständig ablaufen werden.

2. Wir fokussieren uns auf die positiven Gedanken und bauen positive Gefühle auf (basierend auf der positiven Psychologie – eine positive Grundhaltung erschafft Leistungsbereitschaft und Glück).

3. Wir erweitern unsere Wahrnehmung. Eine positive Wahrnehmung erweitert die Grenzen unseres Geistes, sodass sich uns mit einem Mal deutlich mehr Möglichkeiten eröffnen.

4. Als Folge davon wandelt sich unser Selbstbild.

5. In den 6 Minuten bauen wir an Lösungen, nicht an Problemen und setzen eine emotionale Aufwärtsspirale in Gang, die es uns gestattet, mehr von unserem Potenzial auszuschöpfen.

6. Durch die täglichen Übungen lernen wir, bei Niederlagen sofort wieder aufzustehen (die sogenannte Resilienz). Wir akzeptieren Negativität (die ebenso nötig ist) und verstehen sie zu wandeln.

7. Vor allem aber erreichen wir durch das Reduzieren der Übungen auf 6 Minuten anhaltende Dauerhaftigkeit.

8. Wir nutzen das Wissen der Hirnforschung über den Aufbau von Gewohnheiten und lernen sogar, alte Gewohnheiten zu überschreiben.

Als Folge davon, verändert sich innerhalb kurzer Zeit unser gesamtes Leben.

Denn:

9. Durch das Verändern einer einzigen Gewohnheit und das Verschieben unseres Wahrnehmungsfilters verändern sich auch weitere Punkte in unserem Leben.

10. Innerhalb kurzer Zeit werden wir vor einem Wunder stehen. Dem Wunder unseres eigenen Lebens.

Wer bin ich?

Die Wegweiser finden

Wenn du die Geschichte deines Lebens schreibst,
lass keinen anderen den Füller halten.

Die Frage »Wer bin ich?« ist eine der Schlüsselfragen unseres Lebens. Denn wenn du nicht weißt, wer du wirklich bist, woher sollst du dann wissen, welchen Weg du einschlagen sollst? Du hast vielleicht Ziele, Hoffnungen und Sehnsüchte, aber woher willst du wissen, ob dies wirklich deine eigenen Ziele und Sehnsüchte sind?
Vielleicht sind das nur die Ziele, die andere von dir erwarten und die sie dir daher erfolgreich eingeredet haben.

> Wenn wir nicht wirklich wissen, wer wir sind, dann werden uns andere erzählen, wer wir sind.

Da aber andere unseren eigenen Weg nicht kennen können, werden sie uns immer nur den Weg aufzeigen, der ihrer Meinung nach passend ist. Dies muss aber noch lange nicht für uns selbst optimal sein. Denn meist ist der Weg anderer nur hilfreich für andere und weniger für uns selbst.

Wenn wir nicht wissen, wer wir sind, beginnen wir oftmals loszulaufen, ohne eine klare Vorstellung zu haben, wohin die Reise führen soll. Wir verfolgen dann gerne scheinbare Ziele, laufen fremden Sehnsüchten hinterher, die wir für unsere eigenen halten, und … werden niemals wirklich ankommen.

Wenn wir einen Weg verfolgen, der nicht der unsere ist, wird er uns immer weiter von uns wegführen. Wir fühlen uns dann müde, ausgelaugt und überfordert. Wir empfinden uns als fehlerhaft und ungeliebt, während alle anderen scheinbar richtig sind und über alle Maßen geliebt werden. Wir haben ziemlich rasch keinen Spaß mehr am Leben. Die Freude scheint irgendwie abhandengekommen zu sein und wir kommen zu der Überzeugung, dass unsere Hoffnungen sich so gut wie nie erfüllen werden.

Wenn es der falsche Weg für uns ist, wird das alles auch zutreffen. Das ist nicht weiter schlimm. Manchmal verlaufen wir uns eben im Leben. Na und? Das gehört wohl dazu.

Aber wir können ja umkehren und nachsehen, welche Wegweiser wir übersehen haben. Schilder, Zeichen oder Ohrfeigen gibt es genügend in unserem Leben.

Zurückzufinden zum eigenen Weg ist einfach. Einfacher als du jetzt denkst.

Denn du kennst diesen Weg. Es ist ja schließlich deiner. Und es gibt unzählige Wegweiser.

Dieser erste Teil des Buches hilft dir, wieder zurückzufinden. Zu deinem ganz persönlichen Weg.

Nur wenn du weißt, wer du wirklich bist, hast du die Chance, dein Leben von Grund auf zu optimieren. Du wirst deine wahren Bedürfnisse kennen, deine Ziele realistisch einschätzen und auch deine persönlichen Fähigkeiten passender für dich einsetzen.

Wenn du dich selbst besser kennst, dann ist das die Basis dafür, in Zukunft glücklicher und gelassener durchs Leben zu gehen. Wenn du deine Bedürfnisse bejahst – ohne Angst zu haben, abgelehnt oder verlacht zu werden – dann ist das der wichtigste Schritt in Richtung Freiheit.

Kennst du folgendes Zitat?

»Ich wurde nicht frei, als ich tat, was ich wollte, sondern als ich wurde, was ich bin.«

Wenn du weißt, wer du bist, und deinen eigenen Weg akzeptierst, wirst du erfüllt und glücklich werden. Du gehst deinen eigenen Weg. Und nicht den Weg anderer.

Welcher Weg ist nun der richtige?

Bevor wir dieser Frage nachgehen, sollten wir erst einmal nachschauen, wo du dich gerade befindest.

Wir befinden uns nämlich immer dort, wo unsere bisherigen Wege uns hingeführt haben. Nicht alles an diesen Wegen muss falsch gewesen sein. Manchmal ist es nur die Gewichtung oder die Prioritätensetzung, die wir aus dem damaligen Wissen heraus gewählt haben.

Dein jetziges Leben ist das Ergebnis aller Entscheidungen, die du bisher getroffen hast. Du möchtest die Ergebnisse verändern? Nun, dann solltest du deine Entscheidungen verändern. Lass uns beginnen …

Bist du glücklich?
Traust du dich, dich selbst zu leben?
Schaffst du es, dich aus dem Kreislauf einengender
Gefühle zu befreien?
Bist du bereit für neue, völlig andere Dinge?

Erst wenn du dies mit Ja beantworten kannst,
bist du frei genug, die ganze Fülle des Lebens
anzunehmen.

Werde zu der Person, die du schon immer sein
wolltest.

Im Innersten eines jeden Menschen schlummern
Tausende Möglichkeiten und unzählige Schätze,
die nur entdeckt werden müssen.

Entdecken ist leicht.

Wir brauchen nur den richtigen Fragen
nachzugehen.

Übung: Wer bin ich?

Minute 1–3

Zeichne hier auf der linken Seite ein Strichmännchen und schreibe deinen Namen darüber. Zeichne um dich herum nun Kreise oder Wolken – wir haben schon mal drei vorgezeichnet – und schreibe dort hinein, welche Rollen du im Leben erfüllst. Was bist du alles? Zum Beispiel: »Ich bin ein(e)…Vater, Mutter, Sohn, Tochter, Mann, Frau, Bruder, Freund/in…«

Schreibe auch deinen Beruf und deine Freizeittätigkeiten um dich herum auf. Bist du ein Tüftler, Bastler, Erfinder, Golfer, Surfer, …?

Minute 4

Betrachte deine Zeichnung. Das alles bist du. Diese Rollen hast du im Leben eingenommen. Und jede Rolle erfordert andere Fähigkeiten und Talente von dir.

Minute 6

Da alle Rollen oder Aufgaben so verschieden sind, wirst du manche von ihnen gerne ausfüllen, andere weniger.

Kennzeichne mit einem Buntstift die Rollen, die dir besonders gut gefallen. Und dann spüre kurz in dieses Bild hinein. Wie fühlt es sich an? Ist es zu viel? Macht dir wirklich alles Freude oder überfordert dich manches? Würdest du gerne andere Prioritäten setzen? Welchen dieser Dinge würdest du gerne mehr Zeit widmen?

Die Rollen oder Tätigkeiten, die uns Spaß machen oder leichtfallen, schenken uns auch ganz viel Energie. Der schnellste und einfachste Weg, wieder Energie zurückzuerhalten ist, genau diesen Aufgaben in nächster Zeit etwas mehr Aufmerksamkeit zu schenken.

Entscheide dich ganz bewusst, in den nächsten Tagen dieser Rolle, die dir Freude bereitet, etwas mehr Zeit zu widmen.

Und wenn du magst, schreibe die Veränderungen, die du an dir entdeckst, auf.

Du wirst erstaunt sein, was du alles von dir und über dich auf diese Weise erkennen kannst. Durch das Aufschreiben bleibt dir deine Erkenntnis länger im Gedächtnis.

Erst wenn wir wissen, wer wir sind, können wir uns zu der Person verändern, die wir gerne sein wollen.

Die emotionale Landkarte

Durch die vorangegangene Übung kennst du jetzt die Vielfalt an verschiedenen Aufgaben und Erwartungen, die du tagtäglich bewältigst.

Natürlich wusstest du das schon irgendwie, aber vielleicht hast du dich zum ersten Mal so bewusst auf diese Weise betrachtet. Durch das Aufzeichnen verschaffen wir uns eine Art Vogelperspektive. Wir verlassen unsere kleine Wolke, in der wir stecken, und bekommen einen Überblick.

> Erst wenn wir wissen, wie unser eigener, ganz persönlicher Weg aussieht, werden wir den schnellsten Weg entdecken, der uns zu unserem eigenen Ich führt.

Wenn du erst einmal dein wahres Ich kennst, dann findest du auch ganz viele Möglichkeiten, um deine Ziele zu erreichen. Denn alles ist längst in dir angelegt. Vielleicht kannst du es nur noch nicht sehen.

Deswegen bauen wir jetzt einen weiteren Wegweiser: Die emotionale Landkarte …

Übung: Die emotionale Landkarte

Minute 1

Male dich selbst wieder als Strichmännchen in die Mitte der linken Seite und schreibe deinen Namen darüber.

Minute 2–4

Beantworte nun folgende Fragen und schreibe um dich herum alle Antworten auf, die dir spontan einfallen.

Wo geht deine Sehnsucht hin? Wovor hast du Angst? Wovor schützt du dich? Wer gibst du vor zu sein? Was versuchst du zu vermeiden?

Wenn es Sehnsüchte gibt, die niemand wissen soll, oder Ängste, die du niemandem zeigen möchtest, dann zeichne nur für dich verständliche Kürzel. Aber notiere sie dir auf jeden Fall. Denn gerade das, was wir sorgfältig vor anderen verbergen wollen, kann einen großen Einfluss auf uns haben.

Minute 5–6

Zeichne zu jeder Antwort, die du aufgeschrieben hast, Verbindungslinien zu deinem Strichmännchen.

Male die Linien zu dir in verschiedenen Stärken.

Hebe das, was dir wichtig ist oder was dich sehr wesentlich beeinflusst, besonders stark hervor.

Fotografiere deine Zeichnung ab, drucke dir das Foto aus und hänge es dir in Sichtweite auf, damit du immer in Verbindung mit deinen wahren Persönlichkeitsanteilen bleibst.

Betrachte auch deine Ängste. Diese sind die größten Wegweiser, denn sie haben dich bisher weit von deinen wahren Zielen weggeführt.

Wenn etwas wichtig für dich ist,
wirst du auch immer einen Weg finden.
Wenn dir etwas nicht wichtig ist,
wirst du immer nur Ausreden finden.

Von Kindern über sich selbst

*»Um die Zukunft vorauszusehen,
muss man die Vergangenheit betrachten.«*

An dieser Wahrheit von Konfuzius hat sich nichts geändert. Denn genau diese Aussage bestätigen auch heute die moderne Psychologie und andere Wissenschaften. In der Tat tragen wir unsere Vergangenheit intensiver mit uns herum, als wir ahnen, und richten – meist völlig unbewusst – unsere Gegenwart nach ihr aus. Nicht immer gefällt uns das Resultat.

Mit Sicherheit haben viele der Gedanken aus unserer Kindheit auch heute noch mehr Einfluss auf uns, als wir jetzt vielleicht vermuten.
Wenn wir alte – nicht mehr nützliche – Erstprägungen und Aussagen nicht löschen, zurückrufen oder transformieren, dann wirken sie weiter.

Dann bleibt unser Verstand in dieser mentalen Schleife und sucht noch immer – auch nach Jahrzehnten – nach Bestätigungen dieser Glaubensmuster.

Übung: Von Kindern über sich selbst

Lies einmal, welche Sätze Kinder am häufigsten benutzen:

Mich mag sowieso keiner.
Niemand versteht mich.
Ich bin so allein.
Mir ist langweilig.
Ich hab keine Freunde. Bin viel zu müde. Was soll das?
Das kann ich nicht.
Das schaffe ich nie.
Ich bin nicht erwünscht.
Ich passe nicht in diese Welt.
Ich komme von einem anderen Stern.
Keiner will mein Freund sein.
Alle lachen nur über mich.
Bin viel zu klein.
Keiner spielt mit mir.
Meine Eltern haben nie Zeit für mich.
Keiner bemerkt mich.
Das Leben ist ungerecht.
Hätte ich nur andere Eltern.
Wieso bin ich überhaupt auf die Welt gekommen?
Ich kann sowieso nichts ändern.
Ich bin im Krankenhaus vertauscht worden.

Minute 1–2

Kommen dir diese Sätze bekannt vor? Hast du vielleicht ähnliche Sätze als Kind auch gedacht?

Unterstreiche doch einmal die Sätze, die auf dich auch zutrafen. Gehe an diese Übung weniger rational heran, sondern mehr emotional.

Spüre einfach nach. Nicht immer haben wir sofort Bilder oder Situationen parat. Aber oftmals spüren wir, dass der ein oder andere Satz etwas in uns auslöst. Trauer, Wut, Resignation. Wir spüren intuitiv, dass die jeweilige Aussage etwas mit uns zu tun hat.

Minute 3–5

Im zweiten Schritt schreibe nun die Sätze auf, die dir zusätzlich einfallen.

Welche Sätze hast du als Kind auch noch gedacht?

....

....

....

....

....

....

Betrachte die Sätze und überlege dir, welche von diesen
Sätzen noch heute auf dich zutreffen?
Welche von diesen Überzeugungen trägst du noch heute mit
dir herum? Markiere sie mit einem bunten Stift. Am besten,
du kreist sie ein.
Mache dir dabei bewusst, dass diese Überzeugungen vielleicht heute gar nicht länger gültig zu sein bräuchten. Aber
du dennoch noch immer daran festhältst.

Frage dich doch einmal, ob du noch immer so denken möchtest. Sollen diese Gedanken aus deiner Kindheit noch heute dein Leben bestimmen?
Vielleicht beschäftigst du dich mit diesen Fragen noch einmal, kurz bevor du schlafen gehst. Am nächsten Morgen wird bereits so einiges an Bewusstseinsarbeit passiert sein.

Allein durch die Frage, was diese Aussagen und Gedanken noch heute mit uns zu tun haben, geben wir unserem Verstand die Aufgabe, nach alten unerlösten Mustern zu suchen.

Das Beste an dieser Übung ist, dass wir nun ziemlich deutlich erkennen, welche bremsenden Überzeugungen noch heute wirksam sein können. Wenn wir uns dieser Dinge bewusst sind, können wir sie ändern. Denn erst wenn uns Dinge bewusst sind, können wir auch ganz **bewusst** entscheiden, neue, andere Überzeugungen anzunehmen.

So funktioniert der Kreislauf der Gedanken

Wir haben Gedanken und diese suchen nach Bestätigung.
Die Bestätigung erneuert und bekräftigt unsere Gedanken.
Die gestärkten Gedanken suchen wieder nach Bestätigung.

Und das kann jahrzehntelang so gehen. So lange eben, bis uns diese Gedanken bewusst werden und wir erkennen, dass viele dieser Überzeugungen bereits in unserer Kindheit entstanden sind.

Wenn wir nicht länger an diesen Überzeugungen festhalten, sondern uns mehr auf unser Potenzial und unsere Stärken und Ziele konzentrieren, schaffen wir neue, andere und nützliche Überzeugungen, aus denen wir einen Kreislauf der Gedanken entwickeln können, der uns – anstatt uns zu bremsen – dabei hilft, erfolgreich zu sein.

Einfach loslassen, was dich belastet

Jeder Ausgang ist ein Eingang
zu neuen, anderen Möglichkeiten.

Negative Überzeugungen können uns ziemlich in unserer Entwicklung bremsen. Wenn wir uns auf den Weg machen, uns neu zu erfinden, sollten wir immer wieder etwas Ballast abwerfen. Mit einem schweren Rucksack voller Sorgen, Zweifel und Ängste läuft es sich nicht so gut. Und genau so einen Rucksack tragen viele von uns mit sich herum. Meist ist dieser Rucksack voller emotionalem Ballast.

Wir können diese Belastung oft sogar körperlich spüren. Sie wiegt schwer. Es heißt ja auch: »Das belastet mich«, »das liegt mir schwer im Magen« oder »das bedrückt mich«. »Mein Herz ist schwer« – oder, wenn es vorbei ist: »Mir fällt ein Stein vom Herzen«.

Auch wenn wir ziemlich viel mit uns herumschleppen, das uns das Herz schwer macht, muss es nicht so bleiben.
Und um vieles davon loszuwerden, nutzen wir in dieser Übung die »Lieblingsmethode« unseres Gehirns: die Bildsprache.

Übung: Einfach loslassen

Für diese Übung brauchst du: ein loses Blatt Papier, zwei verschiedenfarbige Stifte und eine Schere.

Minute 1–3
Nimm das Papier zur Hand, zeichne dich selbst auf dieses Blatt und schreibe deinen Namen über deine Figur. Nun zeichne einen übergroßen Rucksack, den du auf deinen Schultern trägst. In diesen Rucksack schreibst oder malst du alles hinein, was dich belastet. Du kannst Worte oder auch Symbole dafür benutzen. Spüre, wie schwer diese Dinge auf deinen Schultern lasten.

Minute 4–5
Nachdem du alles notiert hast, nimmst du jetzt einen Rotstift und streichst ganz bewusst jedes Wort, jedes Symbol durch – und sagst währenddessen innerlich oder laut zu dir selbst:

>> Das ist jetzt vorbei!«

Tue es mit Nachdruck und fester Absicht.
Beobachte mögliche Widerstände, die in dir hochkommen können, und die Gedanken, die du bei jedem einzelnen Thema hast, jedes »Ja, aber« …

Minute 6

Jetzt nimmst du die Schere und schneidest dir den Rucksack von deinen Schultern.

Auch diese Aktion wird von einer kraftvollen Affirmation begleitet, die du laut sagst:

»Ich erlaube mir, mein Leben in Leichtigkeit zu leben.«

Wiederhole diesen Satz immer wieder, bis du ihn dir selbst wirklich glaubst.

Spüre die Erleichterung, wenn du diese Dinge loslässt – und spüre die Freude, die sich in dir entwickelt.

Zerreiße nun den Papierrucksack in kleine Schnipsel.

Wenn du magst, kannst du den kleinen Papierrucksack auch an einem sicheren Ort verbrennen oder in der Toilette herunterspülen.

Das Gehirn mag stark emotional aufgeladene Bilder und kleine Rituale. Rituale prägen sich wesentlich bewusster ein. Wir behalten sie länger in Erinnerung und sie schenken uns Kraft, an der getroffenen Entscheidung festzuhalten.

Ich persönlich nutze gerne die Kraft von Affirmationen. Wenn du die Übung für lange Zeit verstärken und bekräftigen willst, dann wiederhole die folgende Affirmation:

»Ich erlaube mir, mein Leben in Leichtigkeit zu leben.«

Wiederhole sie, sooft es geht. Nimm sie mit in deinen Alltag und bekräftige sie in deinen Gedanken.

Ganz wichtig dabei ist, dass du dies immer aus vollster Überzeugung tust.

Je öfter du dies machst, desto schneller kann sich dein Leben in die gewünschte Richtung verändern.

Stelle dir dabei auch immer wieder vor, wie du den Rucksack loslässt und wie sehr es dich erleichtert.

Gehe in das Gefühl der Befreiung.

Die beste Wirkung erzielst du, wenn du mindestens 3 Wochen lang diese Affirmation benutzt – bis sie in »Fleisch und Blut« übergeht.

Und wenn du Lust hast, wieder einmal einen neuen Rucksack voller Ballast loszuwerden, wiederholst du diese Übung einfach.

Du kannst sie wiederholen, sooft du magst.

Mein Kinderzimmer

Jetzt haben wir einen kurzen Einblick in die prägenden Überzeugungen aus unserer Kindheit gewonnen – nun gehen wir einen Schritt weiter. Um unserem heutigen Verhalten auf die Spur zu kommen, machen wir eine Übung, die in unseren Seminaren zu vielen »Aha«-Erlebnissen führt: Wir erinnern uns kurz an eine bestimmte Phase in unserer Kindheit. Das hat folgende Vorteile:

- Wenn wir uns erinnern, machen wir uns Dinge wieder bewusst.
- Erst wenn uns Zusammenhänge wieder bewusst werden, können wir sie ändern.
- Wir beginnen zu verstehen, wer wir sind und warum unsere Reaktionen so sind, wie sie sind.

Für diese Übung gehen wir in unserer Erinnerung zurück in unser Kinderzimmer. Wenn wir das tun, wird unsere Kindheit wieder vor unserem inneren Auge auftauchen. Vor allem werden wir erkennen, wie stark der erste »Raum« in unserem Leben noch heute unseren jetzigen Raum bestimmt.

Kannst du dich noch erinnern, wie dein Kinderzimmer ausgesehen hat?

Übung: Kinderzimmer zeichnen

Male auf der linken Seite dein Kinderzimmer. Dabei können dir folgende Impulsfragen behilflich sein:

Wo war die Tür, das Bett, das Fenster, der Schrank? Wie war es eingerichtet? Welche Farben hatte es? Und weißt du noch, wie es war, als du dich als kleines Kind in dein Zimmer zurückgezogen hast?

War dein Zimmer groß oder klein? Wo standen die Möbel? Wo hast du geschlafen? An welchem Platz hast du deine Hausaufgaben gemacht? Wo hast du gespielt? Konntest du deine Tür absperren oder war deine Zimmertür immer offen? Konnte jeder einfach reinkommen, ob du es wolltest oder nicht?

Hattest du ein sicheres Gefühl in deinem Zimmer? Konntest du ungestört mit dir allein sein? Hattest du vielleicht richtig gute Verstecke für all die Dinge, die niemand sehen sollte? Gab es gar einen Ort, an dem du dich selbst versteckt hast? Konntest du gut einschlafen? Fühltest du dich allein? Oder beobachtet?

Vielleicht hattest du auch gar kein eigenes Zimmer? Vielleicht gab es Geschwister, mit denen du dein Zimmer teilen musstest? Vielleicht hattest du gar keinen Raum für dich allein, in dem du bestimmen konntest?

Die Zeichnung braucht nicht maßstabgetreu zu sein. Wichtig ist nur, dass du alles aufzeichnest oder aufschreibst, was dir in den nächsten 6 Minuten in den Sinn kommt.

Vielleicht vereinbarst du zum Ende der Übung mit dir selbst, dass du dich an noch mehr Details erinnern willst. Denn: Der Sinn dieser Übung ist, herauszufinden, wie sehr du diese Prägung in dein Erwachsenenleben mitgenommen hast.

Wenn du fertig bist, lass das Blatt oder dieses Buch offen liegen, sodass du es am nächsten Tag – wie zufällig – sehen kannst. Dein Bewusstsein nimmt diese »Aufforderung« in dein Tagesbewusstsein mit auf und sie arbeitet auch am nächsten Tag in dir weiter.

Heute wurde schon einmal der erste Impuls dazu gegeben. Die Erinnerung tut bereits alles, was zunächst nötig ist, um längst vergessene oder verdrängte Dinge in unser Bewusstsein zu bringen.

Das Unterbewusstsein beginnt jetzt mit der mentalen »Arbeit« und wird dich morgen vielleicht schon mit Informationen überschütten. Was auch immer dir in den Sinn kommt – schreibe es auf.

Welchen Raum nimmst du dir heute?

Der Unterschied zwischen der Schule und dem Leben?
Die Schule gibt dir Lektionen zu lernen und dann einen Test.
Das Leben gibt dir einen Test und dann lernst du die Lektionen.

Lass uns doch noch mal mit der vorangegangenen Übung – unserem Kinderzimmer – beschäftigen. Mit Sicherheit ist dir seitdem viel durch den Kopf gegangen.

Bestimmt kamen Erinnerungen hoch und Details fielen dir wieder ein. Manche Erinnerungen sind wahrscheinlich schöner Natur, andere dagegen eher unangenehm. Das ist ganz natürlich. Nicht immer war die Kindheit nur schön.

Ganz interessant ist es daher, einmal nachzusehen, wie sehr unser Kinderzimmer von damals noch heute unser Leben bestimmt.

Denn: Wollen wir Erfolg auf den verschiedenen Ebenen unseres Lebens haben, benötigen wir dafür Raum. Raum, den wir uns nehmen. Raum für unser Wachstum, für unsere Entwicklung und ebenso für unseren Rückzug. Natürlich auch Raum für unsere Kreativität und noch viele andere wichtige Dinge.

Wenn wir diesen Raum in der Kindheit nicht zugestanden bekommen haben, kann dieses selbstbeschränkende Programm noch heute in uns wirken.

Was wir als Kinder damals nicht bekamen, kann durchaus auch heute noch schwer für uns zu bekommen sein.

Manchmal übernehmen wir die damaligen Beschränkungen in unser heutiges Leben und ahmen sie immer und immer wieder nach. Wir kennen es einfach nicht anders. Aber genau das wollen wir ja ändern. Dazu ist es gut, wenn wir uns zunächst einmal den Raum ansehen, den du dir heute selbst zugestehst.

Unsere Kindheit ist nicht abgeschlossen. Noch immer wirkt sie in uns weiter. Wenn wir uns das bewusst machen, dann können wir uns von bremsenden Überzeugungen befreien. Dies ist wesentlich, denn dann können wir uns auch wieder der ganzen kreativen kindlichen Energie zuwenden. Diese Energie haben und hatten wir schon immer. Nur war sie nicht immer befreit und zugänglich.

Übung: Welchen Raum nehme ich mir heute?

....

....

....

....

....

....

....

....

....

....

....

....

....

....

Minute 1

Betrachte die bereits gemalte Zeichnung deines Kinderzimmers ganz entspannt und in aller Ruhe. Was möchtest du gerne noch hinzufügen? Was hast du vergessen?

Minute 2–6

Und nun betrachte deine Zeichnung im Hinblick auf dein jetziges Leben und auf folgende Fragen:

Was hat das Vergangene heute noch mit dir zu tun? Kannst du heute deinen eigenen Raum für dich beanspruchen? Damit ist nicht nur der physische Raum gemeint, sondern auch der persönliche Raum – in Bezug auf deine Beziehung, deinen Beruf oder andere Themen.

Kann jeder »einfach so« deinen Raum betreten oder dich in eine Ecke drängen? Fühlst du dich wohl in dem Raum, in dem du dich jetzt befindest? Hast du öfter das Gefühl, jeder kann mit dir machen, was er will? Kannst du heute »die Tür hinter dir zumachen«?

Wie viel Raum gestehst du dir zu? So viel, wie man dir als Kind zugestanden hat?

Notiere dir hier links alles, was dir auffällt.

Sehr kraftvoll ist es, wenn du zum Abschluss dieser Übung eine Verabredung mit dir selbst triffst. Und zwar, dass du dir jetzt – in deinem Erwachsenenleben – mehr Raum zugestehst. Warte nicht, bis andere dir diesen Raum geben. Du bist erwachsen. Du kannst jetzt frei entscheiden.

Für das Erreichen deiner künftigen Ziele ist es sehr wichtig, dass du dir auf eine angemessene Art genügend Raum zugestehst. Dieses Maß solltest du immer wieder neu für dich bestimmen.

Frage dich selbst: Wo möchte ich mich mehr abgrenzen?

In welchen Bereichen in meinem Leben möchte ich mehr selbstbestimmen?

In welchen Bereichen möchte ich mich mehr ausweiten?

Wenn du dir mehr Raum zugestehst,
dann gestehst du dir auch zu,
über dich selbst hinauszuwachsen.

Was ist Lebensfreude für dich?

Eine gute Möglichkeit, um herauszufinden, wer du bist, ist die Beantwortung der Frage nach deiner Lebensfreude.

Freude am Leben und an deinen Tätigkeiten zu haben, ist essenziell und die Basis für alles.

Wenn die Freude schwindet, verfallen wir sehr schnell in Hoffnungslosigkeit, Langeweile oder verlieren die Motivation, weiterzumachen. Dann kommt sehr schnell die Frage nach dem Sinn des Ganzen auf.

Mit dieser Übung lässt sich herauskristallisieren, was dir Kraft gibt – und auch, was dir Kraft raubt.

Übung: Was ist Lebensfreude für dich?

Minute 1–4

Zeichne dich wieder mit wenigen Strichen und schreibe deinen Namen über diese Figur. Schreibe um dich herum nun alles auf, was für dich Lebensfreude bedeutet. (Im Seminar schrieb eine Frau einmal »Spaghetti essen« auf – mit dieser Tätigkeit verband sie Genuss und kindliche Freude.) Womit verbindest du kindliche Freude?

Minute 5–6

Schaue dir deine Zeichnung bewusst an. All das gibt deinem Leben Freude. Das alles motiviert dich, weiterzumachen. Betrachte auch einmal die Reihenfolge deiner Notizen. Was hast du als Erstes aufgeschrieben, was als Letztes? Gibt es Dinge, die du hinten anstellst, obwohl dort ebenfalls große Freude auf dich warten würde? Spiegelt diese Reihenfolge wirklich deine eigene Meinung wieder? Male einen roten Kreis um den Punkt, dem du gerne mehr Aufmerksamkeit schenken würdest.

Behalte den roten Kreis die nächsten Tage ganz bewusst im Auge. Du wirst sehen, dieser Punkt wird sich verändern. Die Dinge, auf die du deine Aufmerksamkeit lenkst, nehmen mehr und mehr Raum in deinem Leben ein – also, wofür entscheidest du dich?

Viele Dinge, die du jetzt aufgeschrieben hast, haben auch etwas mit deinen Zielen zu tun. Schaue dir diese Seite immer wieder an. Du wirst diese Stichpunkte noch brauchen, wenn du dich eingehender mit deinen Zielen beschäftigst.

Wir haben nun deinen Verstand ein bisschen angeregt, nach deiner Lebensfreude zu suchen. Er wird es weiterhin tun, wenn du mit dir selbst vereinbarst, an dieser Liste weiterzuarbeiten.

Das Gleiche gilt natürlich für alle Übungen – sie wirken am effektivsten, wenn du zum Schluss eine Vereinbarung mit dir selbst triffst, dass du die daraus gewonnenen Erkenntnisse vertiefen wirst.

Wenn wir mit uns selbst vereinbaren, gedanklich an den Übungen weiterzuarbeiten, wird unser Verstand wachsam dafür bleiben. Wir verändern unseren Wahrnehmungsfilter willentlich und wissentlich. Wir öffnen uns für alle Informationen.

Schließe nach der Übung einfach für ein paar Sekunden deine Augen und sage dir leise: »Ich vereinbare mit mir selbst, an diesem Thema weiterzuarbeiten.«

Wenn wir uns neu erfinden,
finden wir Neues.
Und dieses Neue liegt bereits in uns.
Dort lag es schon immer. Es schlummerte nur.
Manchmal haben wir einige Anlagen von uns,
Talente oder auch Teile unseres Potenzials einfach
nicht weiterentwickelt.
Dann warten sie auf uns.
Oftmals, ohne dass wir es wissen.
Manchmal haben wir vielleicht nur so ein
unbestimmtes oder merkwürdiges Gefühl,
dass wir uns noch nicht wirklich leben.
Etwas fehlt noch.
Manchmal denken wir auch: »Das kann doch nicht
alles gewesen sein.«
Das war es auch nicht.
Wir brauchen uns nur wieder mit uns selbst zu
verbinden, mit unseren Gefühlen, Sehnsüchten
und Wunschzielen.
Genau dafür genügen 6 Minuten am Tag.

Wer will ich sein?

Wer will ich sein?

Alles, was du dir wünschst,
befindet sich auf der anderen Seite deiner Angst.

Wenn du jemand anderer sein willst, wirst du dich sicherlich verändern. Kein Grund zur Sorge. Denn wir verändern uns ständig.

Unsere Persönlichkeit reagiert und verändert sich ständig, je nach unserem Umfeld. Unser Chef, die Kinder, Freunde und Verwandte und unser Partner hinterlassen emotionale Abdrücke und Spuren und beeinflussen unseren Charakter. Ob wir wollen oder nicht.

Aber das ist noch nicht alles. Die Wahrheit ist natürlich viel umfassender. Wir reagieren nämlich gar nicht nur auf unser Umfeld, sondern wir suchen uns aktiv alle diese Erfahrungen und Anforderungen zum größten Teil selbst aus.

Wir verändern uns ständig. Wir passen uns an.
Vor allem aber passen wir uns unseren eigenen
Anforderungen an.

Es gibt ein Wechselspiel zwischen unseren eigenen Erwartungen und denen unserer Umgebung. Wir suchen absichtlich oder unabsichtlich eine bestimmte Umgebung, weil wir bestimmte Erwartungen haben. Diese Umgebung formt im Laufe der gemachten Erfahrungen unseren Charakter und erschafft neue Erwartungen. Als Folge davon entwickeln wir uns weiter und wollen unseren Blickwinkel sowie unsere Erfahrungen erweitern.

Die Frage: »Wer will ich sein?« bedeutet vor allem: Was erwarte ich von mir?

Wir passen uns ständig an. An die Anforderungen unseres Berufs- und Familienlebens, an unser Umfeld, an unsere Ernährung – unser Alter und unsere Umgebung. Vor allem aber an unsere selbstgestellten Erwartungen und Anforderungen.
Am Anfang stehen also immer unsere eigenen Erwartungen an uns selbst. Nur danach richten wir unser Leben aus und suchen uns eine geeignete Umgebung dafür.

Dabei spielt das Alter keine Rolle. Das Gehirn lernt auch im hohen Alter. Hatte man bisher angenommen, dass die Lernfähigkeit des Gehirns mit zunehmendem Alter abnimmt, weiß man heute, dass das nicht stimmt.

Immer mehr Studien zeigen, wie flexibel unser Gehirn im Laufe eines Lebens bleibt. Um ein neues Leben zu beginnen, bist du jedenfalls nie zu jung, nie zu alt und nichts ist viel zu festgefahren. Um ein neues Leben zu beginnen, ist immer »jetzt« die richtige Zeit.

> Deine ganze Wahrnehmung, dein Weltbild, deine Handlungen und Entscheidungen richten sich immer nach deinen Erwartungen aus.

Also sollten unsere Erwartungen hoch sein.
In diesem zweiten Teil des Buches werden wir daher zunächst deine Erwartungen an dich selbst etwas erweitern. Denn oftmals haben wir Hemmungen und trauen uns nicht, allzu hohe Erwartungen an uns selbst zu stellen.
Und genau aus diesem Grund haben die meisten Menschen gar keine klaren Ziele. Um Ziele zu definieren, benötigen wir nämlich die Freiheit der Gedanken. Wir sollten wissen, was denn für uns alles möglich wäre, wenn …
Und genau dazu benötigen wir eine erweiterte Sicht der Dinge. Wir werden also auch unseren Wahrnehmungsfilter erweitern. Ansonsten finden wir immer nur die gleichen klein gesteckten Ziele. Und genau davon wollen wir ja weg.

Wenn wir aber weg wollen, bedeutet dies noch etwas sehr Wesentliches. »Wer will ich sein?« beinhaltet auch die Frage: »Bin ich auch wirklich bereit, die Person zu sein, die ich gerne werden möchte?« Wenn wir in vielen Bereichen unseres Lebens jemand anderer sein wollen als heute, bedeutet dies auch, neue Räume zu betreten und alte, nicht mehr gebrauchte Räume zu verlassen.

Es ist vergleichbar mit einem Umzug. Wir misten aus, lassen vieles Alte, nicht mehr Gebrauchte in der alten Wohnung zurück oder geben es zum Sperrmüll – und richten uns neu ein. Genau das Gleiche sollten wir auch im mentalen Bereich tun, wenn wir uns wirklich verändern wollen. Wir misten aus, lassen Altes los und beziehen neue, schönere und größere Räume in unserem Leben.

In diesem zweiten Teil des Buches werden wir noch nicht »umziehen«, sondern uns auf den Umzug vorbereiten. Wir betrachten, was wir nicht mehr brauchen, was auf unserem Weg hinderlich ist, und erweitern unseren gedanklichen Horizont. Sonst wissen wir ja gar nicht, wo wir gerne hinziehen wollen.

Bevor wir uns also auf den Weg machen, sollten wir uns sicher sein, dass wir auch offen für alle neuen Möglichkeiten sind. Auch dazu brauchen wir einen erweiterten Wahrnehmungsfilter. Ansonsten werden wir wieder nur die Antworten finden, die wir bereits kennen.
Was ist denn überhaupt ein Wahrnehmungsfilter?

Lass uns dazu einen kurzen Test machen …

Übung: Den Wahrnehmungsfilter erweitern[13]

....

....

....

....

....

....

....

....

....

....

....

....

....

....

....

Minute 1

Denke 1 Minute lang an ein Ereignis in deinem Leben, das negativ für dich war. Das kann ein Moment sein, für den du dich geschämt hast, ein Fehler, der aufgedeckt wurde oder vielleicht ein Augenblick, als man dich hintergangen oder betrogen hat.

Minute 2–3

Und nun liste 2 Minuten lang auf, was du morgen alles gerne tun würdest. Stelle dir innerlich vor, du hättest morgen den ganzen Tag nur für dich zur Verfügung. Was würdest du an diesem Tag gerne unternehmen?

Schreibe alles auf, was dir einfällt.

....

....

....

....

....

....

....

....

Minute 4

Jetzt wechselst du ganz bewusst die Perspektive zum Positiven. Stelle dir vor deinem inneren Auge ein positives, schönes und freudiges Ereignis vor. Gehe gedanklich dorthin, wo du glücklich warst. Das kann ein »kleines« oder »großes« Ereignis sein. Durchlebe den Moment erneut. Wahrscheinlich wirst du zu lächeln beginnen. Lass all die Momente, als damals alles nach deinem Wunsch verlief, erneut vor deinem inneren Auge ablaufen. Spüre, wie sich dein Herz öffnet und deine positiven Gefühle zu wachsen beginnen.

Minute 5–6

Und nun mache eine zweite Liste. Schreibe jetzt erneut auf, was du alles gerne morgen tun würdest. Was würde dir Spaß machen, jetzt, nachdem du die wundervollen Gefühle durchlaufen hast? Wenn du in diesem Augenblick frei wärst, alles zu tun, was würde dir Freude bereiten?

Notiere dir alles, was dir einfällt, und rufe dir dabei immer wieder die freudigen Erlebnisse in Erinnerung, die du damals und gerade eben erneut erfahren hast.

Wenn du Lust hast, dann vergleiche beide Listen. Welche Liste ist länger, ausführlicher, reichhaltiger?

Mit Sicherheit wird die zweite Liste länger sein. Kein Wunder, denn wenn wir uns in einer positiven Grundeinstellung befinden, dann öffnet sich alles in uns und wir sehen neue Perspektiven, sind unternehmenslustiger und tatenfreudiger. Unsere ganze Wahrnehmung wird erweitert.

Ein positives Grundgefühl erlaubt es uns, wesentlich mehr Möglichkeiten in Betracht zu ziehen, als wenn wir in gleichgültige oder negative Gedanken verfallen.

Wir können also unsere Perspektive wesentlich erweitern, allein nur durch das bewusste Steuern unserer Gefühle in eine positive Richtung.

Eine positive Grundeinstellung erweitert unsere Sichtweise und Wahrnehmung und unseren Geist. Wir können Perspektiven erblicken, die uns vorher verschlossen waren.

All dies wurde von Wissenschaftlern der University of Toronto nachgewiesen. Die Studien zeigten, dass wir alle durch positive Gefühle zu wesentlich kreativeren Lösungen fähig sind. Wir finden Lösungen, die bisher aussichtslos erschienen und uns fallen neue Ideen ein, die wir ansonsten nicht gehabt hätten.

> Um uns neu zu erfinden, brauchen wir neue kreative Lösungen. Diese bekommen wir, wenn unsere Grundhaltung positiv ist.

Alle Möglichkeiten liegen in dir. Und werden daher auch nur aus dir heraus entstehen. Du brauchst nur deinen Wahrnehmungsfilter zu erweitern, damit du dich deiner eigenen Kreativität öffnen kannst.

Dr. Thomas Joiner, der Direktor der Psychology Clinic (Florida State University) machte eine Langzeitstudie und stellte dabei fest, dass eine positive Grundhaltung die Kreativität mit der Zeit sogar immer weiter steigert.

Eine positive Grundhaltung setzt eine Aufwärtsspirale in Gang, die immer weitergeht. Von Tag zu Tag, von Woche zu Woche, von Monat zu Monat. Je länger die positive Grundhaltung anhält, desto mehr steigert sich unser Potenzial.

Die Probanden bei der Langzeitstudie waren durch die positive Grundhaltung wesentlich aufgeschlossener und kamen bei Stresssituationen zu erstaunlich kreativen Alternativen.

Positive Gefühle sind also ein wichtiger Meilenstein für unsere Kreativität. Erst dann können wir Neues, Inspirierendes und Tolles in unserem Leben entstehen lassen.[14]

Warum vergessen wir, dass wir bereits so viel können?

Wenn wir uns weiterentwickeln, dann bauen wir auch unsere Fähigkeiten aus. Wir lernen von Tag zu Tag und können immer mehr. Darauf sollten wir stolz sein. Und dennoch ist dies nicht so, denn wir nehmen die vielen Erfolgserlebnisse und schönen Erfahrungen schon bald nicht mehr wahr. Sie sind für uns so selbstverständlich geworden, dass wir nach kurzer Zeit gar nicht mehr wissen, dass sie uns einmal viel abverlangt haben.

Das Erlernen einer Fähigkeit durchläuft stets 4 verschiedene Phasen:

Phase 1

Am Anfang sind wir uns noch gar nicht bewusst, dass wir etwas nicht können. Wenn wir zum Beispiel gerade frisch geboren wurden, haben wir keine Ahnung, dass wir noch nicht laufen können oder sprechen oder schreiben oder Fahrrad fahren.

Wir sind uns nicht bewusst, dass wir etwas nicht können.

Phase 2

Aber es kommt die Zeit, da wir uns bewusst werden, dass es da etwas gibt, das wir nicht können. Die zweite Phase ist also stets Unzufriedenheit.

Wir möchten gerne Fahrrad fahren oder schwimmen. Aber wir können es ja nicht.

Genau an dieser Stelle entscheidet sich etwas sehr Wesentliches. Viele von uns verwechseln in dieser Phase die Tatsache: »Ich kann es nicht« mit der eigentlichen Aussage »Ich kann es NOCH nicht.«

Der Satz: »Ich kann es noch nicht« motiviert uns, diese Fähigkeit erlernen zu wollen. Glauben wir dagegen der ersten Aussage, werden wir es gar nicht erst versuchen.

In dieser Phase sind wir uns bewusst, dass wir etwas nicht können.

Phase 3

Haben wir die neuen Fähigkeiten gerade frisch erlernt, sind wir wahrscheinlich noch unsicher. Wir müssen uns darauf anfangs stark konzentrieren. Es kostet uns auch noch Mühe. Aber wir wissen nun, dass wir es können. Wir sind uns unseres Könnens bewusst. Wir sind stolz, klopfen uns auf die Schulter und zeigen unser Können der ganzen Welt.

Wir sind uns bewusst, dass wir etwas können.

Phase 4

Wir können es. Wir sind routiniert und erfahren. Wir können Fahrrad fahren, schwimmen, Auto fahren, den Computer bedienen, wir tun es, ohne weiter darüber nachzudenken. Beim Radfahren können wir Musik hören, uns mit anderen unterhalten, wir achten nicht mehr auf all die Dinge, auf all die Muskeln und Sinne, die nötig sind, um uns im Gleichgewicht zu halten. Es geschieht automatisch. Fast unbewusst. In dieser Phase sind wir uns unseres Könnens nicht mehr bewusst. Wir haben vergessen, was wir können.

Wir sind uns nicht bewusst, dass wir etwas können.

Fazit: Je besser wir etwas können, umso weniger sind wir uns dessen bewusst, dass wir es können.

Dieser Lernkreislauf ist für unser Selbstbewusstsein und Selbstvertrauen fatal. Denn weil wir unsere Erfolge und Fähigkeiten und Talente nicht mehr bewusst wahrnehmen, fangen wir an zu glauben, dass wir nichts können.

Als Schlussfolgerung daraus sind wir ab einem bestimmten Punkt unseres Lebens davon überzeugt, dass wir nichts Neues mehr erlernen oder erreichen können.

Wir wissen nur, was wir alles nicht können. Das deprimiert uns und deswegen haben wir oftmals keinen Mut mehr, etwas Neues anzugehen. Wir entwickeln manchmal sogar regelrechte Hemmungen, überhaupt noch nach neuen Zielen Ausschau zu halten. Sehr oft sagen wir dann: »Jetzt ist es sowieso zu spät.«

> Weiterentwickeln können wir uns nur,
> wenn wir daran glauben, es schaffen zu können.

An diese Möglichkeit glauben wir aber nur, wenn wir uns wieder erinnern, was wir bereits alles können und was wir bereits alles erlernt haben. Erst dann wissen wir, dass wir zu viel mehr in der Lage sind, als nur zu zweifeln.

Sich daran zu erinnern, ist einfach. Mit der kommenden Übung rufen wir all unser Können wieder ins Bewusstsein.

Übung: Was ich bereits alles kann

....
....
....
....
....
....
....
....
....
....
....
....
....
....
....

Minute 1–5

Schreibe all die Dinge auf, die du kannst. Alle Fähigkeiten, die du dir im Laufe des Lebens angeeignet hast. Alles, was dir jetzt spontan einfällt. Jede Kleinigkeit.

Zum Beispiel: sprechen, gehen, laufen, Rad fahren, tanzen, schreiben, lesen, einen PC bedienen, Auto fahren, telefonieren …

Von der Fähigkeit, Schuhe zuzubinden, bis hin zur Fertigkeit, mit Stäbchen zu essen. Nichts ist banal. Banal ist es für dich nur, weil du es bereits so gut kannst.

Minute 6

Sieh dir deine Liste an.

Jetzt hast du eine Vorstellung davon, was du alles kannst.

Das bist du. All das hast du dir erarbeitet. So viel Konzentration, Übung, Beharrlichkeit und auch Mut hast du bewiesen. Immer wieder bist du hingefallen, immer wieder bist du aufgestanden.

All das kannst du. All das hast du gelernt, gemeistert, geschafft. All die Hindernisse überwunden, all die Zweifel hinter dir gelassen. Und den Schritt gewagt, etwas zu lernen. Sei stolz auf dich.

Da uns vieles nicht mehr so richtig bewusst ist, ist es ganz hilfreich, dazu unser Umfeld zu befragen. Freunde, den Partner, die Eltern oder Geschwister.
Unser Umfeld traut uns oft mehr zu als wir uns selbst. Meist sehen sie wesentlich genauer und mit weniger Zweifeln als wir selbst, welche Fähigkeiten und Talente wir in Wahrheit haben.

Sieh dir deine Liste immer wieder an, wenn du mutlos bist und glaubst, »nichts« zu können.

Mit dieser Liste verbindest du dich mit dir und deiner Kraft – wenn du es bis hierher geschafft hast, dann kannst du es noch viel weiter schaffen. Es gibt noch ein sehr interessantes Phänomen. Wie schnell werden wir ungeduldig mit anderen, wenn sie etwas nicht sofort können. Wir denken dann: »Mein Gott, das kann doch nun wirklich jeder.« Das stimmt aber nicht. Auch wir haben es zunächst lernen müssen.

Wenn wir ungeduldig mit anderen sind,
haben wir nur vergessen, was wir können.

Wir empfinden dann das, was wir können, als »normal« – fast lächerlich, es überhaupt zu betonen. Und weil wir es nicht mehr an uns selbst achten, erkennen wir nicht, wie viel Mühe und Talent es kosten kann, sich diese Fähigkeiten anzueignen.

Bei Kindern dagegen sind wir wesentlich geduldiger. Da erinnern wir uns, wie mühsam es war, laufen zu lernen.

Betrachte andere Erwachsene einfach mit der gleichen Liebe und Zuneigung, wie du auch Kinder behandelst. Dann lernst du nicht nur, andere wieder wertzuschätzen, sondern auch dich selbst.

Erinnerst du dich an die zweite Phase des Lernens? In ihr liegt viel Unzufriedenheit. Vielleicht bist du ja gerade in einem solchen Stadium. Vielleicht verwechselst du ja auch gerade »Ich kann es nicht« mit »Ich kann es NOCH nicht.«

Meine Ideen sind wertvoll

Habe keine Sorge zu scheitern.
Sorge dich nur, es nicht versucht zu haben.

Jeder Mensch hat gute Ideen. Auch du!
Der Unterschied zwischen den Menschen, die Ideen haben und denen, die sie verwirklichen, liegt einzig und allein in der konsequenten Beschäftigung damit. Sie bleiben dran!

Diese Übung hat unsere Tochter entwickelt – sie malte nämlich eines Tages ein Bild von mir mit dem Namen »Der Ideen-Mann« und klebte es an meine Bürotür. Dieses Bild hängt schon seit vielen Jahren dort und bestärkt mich immer wieder darin, dass ich meine Ideen ausarbeiten und leben soll. Außerdem muss ich immer lächeln, wenn ich daran vorbeigehe.

Und das machen wir jetzt auch:
Lächeln und einen Stift zücken.

Die Qualität deines Lebens hängt von der Qualität deiner Gedanken ab.

Übung: Meine Ideen sind wertvoll

Minute 1

Zeichne in die Mitte der linken Seite dein lächelndes, über beide Backen grinsendes Gesicht.

Minute 2–5

Zeichne von deinem Kopf ausgehend viele Strahlen, die sich wie ein riesiger Kranz um deinen Kopf herum bilden. Am Ende dieser Strahlen schreibst du deine Ideen auf, die dir »einfach so« in den Sinn kommen.

Minute 6

Suche dir eine dieser Ideen aus und entscheide dich jetzt ganz bewusst, sie weiterzuverfolgen.

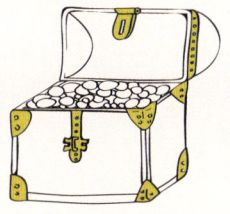

Wenn du dich entschieden hast, eine dieser Ideen weiterzuverfolgen, dann notiere dir im Laufe des Tages deine Gedanken dazu in einem kleinen Ideenbüchlein, welches du ab jetzt immer bei dir trägst.

Mein persönliches Ideenbüchlein begleitet mich jeden Tag. Dort schreibe ich Ideen hinein, auch alles, was mich inspiriert. Zum Beispiel einen Spruch, den ich lese, eine kleine Begebenheit, eine Erinnerung oder ein Vorhaben.
Dieses Büchlein ist inzwischen eine starke Inspirationsquelle. Und zwar meine ganz persönliche.

Und so ganz nebenbei: Ich nehme alles viel bewusster wahr. Man könnte auch sagen, ich lasse mich von der Welt inspirieren. Die Welt ist voller Ideen. Man braucht sie nur aufzufangen. Und aufzuschreiben.
Denn: Ideen verschwinden gerne sofort wieder, wenn man sie nicht gleich aufschreibt oder aufzeichnet. Sie bleiben nur 40 Sekunden in unserem Bewusstsein.

Deswegen haben so viele kreative Leute immer ein kleines Notizbuch dabei, um sich diese Gedankenblitze sofort zu notieren.

Überzeuge dich davon, dass du dich neu erfinden kannst

Etwas Neues, Anderes erleben zu wollen,
setzt voraus, dass wir etwas Anderes, Neues tun.

Wer will ich sein?

Wenn wir uns neu erfinden, dann verändern wir uns. Wir wollen Veränderung, gleichzeitig fürchten wir uns davor. Und da Furcht immer gegen uns arbeitet, vor allem unbewusst, sollten wir uns die positiven Aspekte von Veränderungen bewusst vergegenwärtigen.

Woher kommt die Angst vor Veränderungen?

So wie es jetzt ist, mag es uns vielleicht nicht sonderlich gefallen, aber wir haben uns wenigstens damit arrangiert. Vor allem fühlen wir uns auf eine gewisse Art sogar sicher.

Falls sich die Dinge nun verändern sollten, wer weiß, wie sie ausgehen mögen? Vielleicht machen wir ja einen gravierenden Fehler und verschlechtern uns? Vielleicht sind wir unbescheiden, undankbar oder gar überheblich und werden für unsere Unzufriedenheit bestraft?

Sehr oft wird unser Verstand uns also raten, keine Veränderungen anzustreben. Genau genommen warnt uns der Verstand sogar davor. Warum sollten wir auch ein Risiko eingehen? Anderen geht es wesentlich schlechter als uns. Es gibt genügend Beispiele von Fehlentscheidungen und wie so mancher dadurch in einen Abwärtsstrudel geriet.

Da helfen uns auch keine Sprüche wie: »Wer nicht wagt, der nicht gewinnt«, »Wer sich nicht verändert, der bleibt stehen«, »Wer zu spät kommt, den bestraft das Leben.«

Es fällt uns also oftmals schwer, Veränderungen anzustreben oder sie zu akzeptieren. Nicht selten wehren wir uns sogar gegen Veränderungen, die sich eigentlich gar nicht länger vermeiden lassen.

Eine solche Abwehr hat mehrere Gesichter. Wir tun so, als würden wir die Veränderung nicht bemerken. Wir wollen es aussitzen. Wir bremsen die Entwicklung.

Aber meist hat dies nur eines zur Folge: Wir warten so lange, bis die neue Lage nicht mehr zu leugnen ist und sich die Umstände so sehr gewandelt haben, dass wir zu Veränderungen regelrecht gezwungen werden.

Zum Beispiel durch eine Kündigung im Beruf oder eine Trennung in der Partnerschaft …

Wenn du dich nicht selbst aktiv an den Veränderungen beteiligst, beteiligen sich andere an deiner Veränderung.

Da ist es doch besser, selbst daran mitzuwirken. Immerhin geht es um deine Zukunft.

Sich neu erfinden? Geht das überhaupt?
Nun, ob wir es bewusst wahrnehmen oder nicht, wir erfinden uns ständig neu. Wir verändern uns. Jeden Monat. Jede Woche. Jeden Tag. Nicht nur weil wir älter werden, sondern auch weil sich unser Umfeld beständig verändert.

Gleichgültig, ob die Veränderungen in unserem Leben gewollt oder ungewollt sind oder waren – sie haben uns geholfen, zu der Person zu werden, die wir heute sind. Hätte es keine Veränderungen gegeben, würdest du noch heute zur Schule gehen, vor dem Abitur stehen, auf den ersten Kuss warten, noch keinen Führerschein besitzen oder bis heute bei deinen Eltern wohnen. Vielleicht wärst du weiterhin mit deinem ersten Ehepartner zusammen, nie gesund geworden oder noch in deiner ersten Arbeitsstelle.

Das einzig Sichere im Leben ist Veränderung.

Bei den meisten deiner Veränderungen bist du aktiv daran beteiligt gewesen. Du hast es wahrscheinlich nur vergessen.

Und genau mit dieser Erinnerungslücke werden wir uns jetzt befassen.

Übung: Meine erfolgreichen Veränderungen

....
....
....
....
....
....
....
....
....
....
....
....
....
....

Minute 1

Rufe dir 3 erfolgreiche Veränderungen aus deiner Kindheit in Erinnerung. Alle 3 sollten wesentlich gewesen sein.

Minute 2

Rufe dir 3 erfolgreiche Veränderungen aus deiner Jugend in Erinnerung. Alle drei sollten wesentlich gewesen sein.

Minute 3

Rufe dir 3 erfolgreiche Veränderungen aus deinem Erwachsenenalter in Erinnerung. Alle 3 sollten wesentlich gewesen sein.

Minute 4–6

Betrachte diese 9 wesentlichen Veränderungen in deinem Leben in aller Ruhe. Durch sie bist du groß geworden. Nur durch sie hast du dich weiterentwickeln können.

Gehe in das Gefühl, wie großartig es war, dass du dich verändern durftest.

Wir haben bereits viele Veränderungen hinter uns. Glücklicherweise. Das nennt man Entwicklung. Wir haben uns also sehr erfolgreich weiterentwickelt.

Bedanke dich innerlich dafür, dass du zu dem Menschen geworden bist, der du heute bist.

Lege dir ein Erinnerungsbuch deiner Erfolge an und notiere dir alle bisherigen Erfolge in deinem Leben.

Denn wir würdigen uns selbst viel zu wenig. Wir feiern keinen einzigen unserer Erfolge. Dadurch bemerken wir sie oft gar nicht mehr. Schreibe dir nicht nur die großen, sondern vor allem auch die vielen kleinen Erfolge auf. Und dein Leben wird sich verändern.

Wollen wir uns neu erfinden,
sollten wir Veränderungen bejahen.

Entscheide dich heute, an allen künftigen Veränderungen aktiv mitzuwirken. Beauftrage deinen Verstand, rechtzeitig zu reagieren und nach kreativen Lösungen zu suchen. Bejahe die Veränderungen und vertraue darauf, dass alles zu deinem Besten geschieht.

Die Sache mit der Komfortzone

In einigen Jahren wirst du mehr
über all die Dinge enttäuscht sein,
die du ausgelassen hast,
als über jene, die du getan hast.

»Komfortzone« – was ist das?

Die Komfortzone ist der Ort, an dem wir uns so herrlich sicher fühlen. Nicht immer tut uns dieser Ort wirklich gut – aber wir fühlen uns dort zu Hause. Die meisten unserer Ziele, Wünsche und Sehnsüchte liegen jedoch außerhalb dieser Komfortzone.

Finanzielle Freiheit

Urvertrauen

Abenteuer

Vertrauen

Reichtum

Erfolg

Leidenschaft

Erfüllung

Glück

Träume

Aufregung

Anerkennung

Karriere

Mut

Glaube

Erfüllende
Liebe

Was ich
alles kann

**90 Prozent
der Menschen
befinden sich hier**

Angst

Mehr gibt es
nicht für mich

Trägheit

Überforderung

Komfortzone

Langeweile

Ich kann ja doch
nichts ändern

Müdigkeit

Passivität

Mentales Training wird uns aus unserer Komfortzone herausführen. Das ist gut so, denn wir wollen ja bestimmte Dinge in unserem Leben verändern. Wenn sich also etwas ändern soll, dann werden wir uns auch ändern. Wir werden neue Erfahrungen zulassen, neue Begegnungen mit Menschen haben, neue Möglichkeiten ergreifen können.

Aber alle diese Möglichkeiten liegen außerhalb unserer Komfortzone. Wären sie innerhalb, wäre unser Leben doch bereits genauso, wie wir es haben wollen.

Die 6-Minuten-Übungen öffnen dir einige Türen, um die Komfortzone verlassen zu können.

Sieh dir die Grafik in aller Ruhe an.

Was liegt innerhalb der Komfortzone, was liegt außerhalb?

Fühlst du dich innerhalb der Komfortzone wohl? Oder gibt es außerhalb der Komfortzone Dinge, die du gerne erreichen möchtest?

Dann aber stellt sich die Frage: Wie kommen wir dorthin?

Übung: Raus aus der Komfortzone

Meine Ziele

Minute 1
Suche dir einige dieser Ziele, Sehnsüchte und Hoffnungen aus dieser Grafik aus.

Minute 2
Schreibe diese Dinge gleich hier in dieser Liste auf.

Minute 3–4
Diese Ziele sind Oberbegriffe. Notiere dir jetzt, was dein ausgewählter Begriff für dich ganz persönlich bedeutet. Ganz detailliert und so präzise wie möglich. Zum Beispiel: »Erfolg ist für mich Anerkennung im Beruf«. Oder: »Reichtum ist für mich, eine große Familie zu haben.«

Minute 5
Betrachte deine Ziele. Dafür lohnt es sich, deine bequeme Lage zu verlassen. Das sind Dinge, die es zu erreichen gilt. Du kannst sie erreichen. Oder willst du weiterhin dort bleiben, wo du jetzt gerade stehst?

Minute 6
Betrachte erneut die Zeichnung und vereinbare mit dir selbst, für diese Ziele auch ein Terrain außerhalb der Komfortzone zu betreten.

Mache dir einen kleinen »Ziel-Zettel« und stecke diesen Zettel in deinen Geldbeutel. Je öfter du in Kontakt mit deinen Zielen und der Verabredung mit dir selbst kommst, umso schneller wird dir der Verstand Möglichkeiten anbieten, wie du diese Ziele erreichen kannst. Da sie aber außerhalb der Komfortzone liegen, wirst du in Aktion treten müssen. Wenn du also etwas angeboten bekommst, dass dich zu deinem Ziel führen könnte, dann sei bereit, neue Wege zu gehen.

Meine ganz eigenen Ziele

Wenn du aufhörst, die falschen Dinge zu wählen,
dann gibst du den richtigen Dingen
die Chance, in dein Leben zu kommen.

Hier ist sie wieder, die Frage aller Fragen: »Wer will ich sein?«
Sie kommt genau zur richtigen Zeit, denn nun weißt du
schon wesentlich mehr. Du weißt, wie du funktionierst und
auf welche Ziele jenseits der Komfortzone du Lust hast. Du
kennst dein Potenzial und hast inzwischen auch so einige
deiner Ziele herausgefunden.

Du hast deinen Wahrnehmungsfilter erweitert. Du weißt
sogar, was du alles kannst. Und verstehst es, die Kraft der
positiven Grundeinstellung zu nutzen.

Du bist also bereit. Sei einfach offen. Nach allen Richtungen.
Vielleicht überraschst du dich ja selbst? Vielleicht findest du
völlig neue Ziele. Es spielt auch keine Rolle, was sich andere
von dir wünschen. Wenn du an deine Ziele herangehst, dann
ist es wichtig, dass du dabei nur an dich denkst.

Lege für diese Übung einfach die Meinungen und Erwartungen deines Umfelds beiseite. Ansonsten begrenzt du dich
selbst schon vorher. Am besten ist es, gut gelaunt und
entspannt an diese Übung heranzugehen.

Übung: Mein ganz eigenes Ziel

Minute 1–5

Zeichne dich als Strichmännchen und schreibe deinen Namen darüber. Dann male um dich herum lauter Kreise oder Wolken, es können auch Planeten sein. Nimm eine Form, die dir am besten gefällt. In jeden dieser Kreise schreibst du jeweils ein Ziel von dir.

Stelle dir vor, es gäbe niemanden, auf den du Rücksicht nehmen müsstest, nicht einmal auf deine eigenen Zweifel – was für ein Ziel wäre schön für dich, wenn du es erreichen würdest?

Wohin gehen deine Sehnsüchte? Fühl dich jetzt frei.

Begrenzungen gibt es für dich nur, wenn du dir selbst welche erschaffst. Spüre in dich hinein und lass alles zu, was sich gerne zeigen möchte. Ziehe auch die kleineren Dinge in Betracht: Welche kleineren Ziele gilt es anzugehen?

Je mehr Ziele du findest, desto klarer und deutlicher wird dein Weg.

Minute 6

Betrachte dein Bild. Wie fühlt es sich an? Lass es in aller Ruhe auf dich wirken. Ist dort wirklich alles drauf? Fehlt noch etwas? Möchtest du noch etwas hinzufügen? Dann tu es jetzt.

Betrachte deine Ziele ganz ohne Bewertung. Ob sie groß oder klein sind. Ob sie bald erreichbar oder weit entfernt sind. Gehe einfach mit dem Bewusstsein schlafen, dass du einen Teil deines Weges gefunden hast. Wenn dir in den nächsten Tagen noch etwas einfällt, dann kannst du es jederzeit hinzufügen. Um noch mehr Ziele zu finden, schaue dir die vorangehenden Übungen an. Gehe in solche Übungen, die deine Wahrnehmung erweitern.

Du kannst das Bild neu zeichnen, schöner machen oder als kleine Collage aufhängen. Das habe ich übrigens gemacht. Über meinem Schreibtisch hängt so eine Zeichnung, die ich stets an meine neuen Ziele anpasse. Dieses Bild lässt mich immer wieder in Verbindung mit meinen Zielen treten und hält so mein Bewusstsein auf der Spur.

Kann man allein mit seiner Fantasie den Hunger stillen?

Immer wieder gab es Berichte, dass Soldaten, die im Zweiten Weltkrieg in Kriegsgefangenschaft geraten waren, sich gegenseitig in allen Einzelheiten erzählten, wie sie in Gedanken wundervolle Mahlzeiten vor sich sahen und in ihrer Fantasie verspeisten: leckere Knödel, Pudding, Braten, Kuchen …
Man müsste meinen, dass sie dadurch erst recht Hunger litten, stattdessen schien dies ihre Qualen zu lindern.

Kann man durch Einbildungskraft tatsächlich satt werden?
Weil dies so unwahrscheinlich klingt, haben Psychologen in Pittsburgh eine größere Untersuchung begonnen. Sie baten Probanden in Gedanken – also nur mit ihrer Einbildungskraft – 30 Schokoladenkugeln zu essen. Eine zweite Gruppe sollte nur daran denken, dass sie keine Schokolade hatten.
Eine dritte Gruppe sollte an nichts Bestimmtes denken.
Anschließend bot man allen Versuchspersonen die Schokoladenkugeln nun ganz real in einer Schale an und bat sie, sich nach Herzenslust zu bedienen.
Das Ergebnis war beeindruckend. In der Tat griffen die Probanden, die in Gedanken bereits 30 Schokoladenkugeln gegessen hatten, viel bescheidener zu als alle anderen Versuchspersonen. Das Essen in ihrer Fantasie hatte tatsächlich den Hunger nach Süßem fast vollständig gestillt.

Wie erfinde ich mich neu?

Wie erfinde ich mich neu?

Wenn du dich neu erfinden willst, entscheidest du dich:

... neue Gedanken zu denken.

... neue Wege zu gehen.

... neue Menschen kennenzulernen.

... neue Möglichkeiten wahrzunehmen.

... offen zu sein für die Chancen, die das Leben dir bietet.

... aktiv Chancen zu ergreifen.

... Altes hinter dir zu lassen.

... loszulassen, was dich belastet.

... Menschen zu meiden, die dich bremsen und hindern.

... ehrlich zu dir selbst zu sein.

... deine wahren Bedürfnisse zu kennen und auch zu leben.

... neue Visionen zu haben.

... mit den Selbstvorwürfen aufzuhören.

... aufzuhören, alles persönlich zu nehmen.

... aufzuhören, dich für irgendetwas zu schämen.

... aufzuhören, dich schuldig zu fühlen.

... aufzuhören, dich zu vergleichen.

... anzufangen, dich groß zu fühlen.

... das Leben leicht zu sehen.

... dankbar zu sein.

... deine Freude zu leben.

... glücklich zu sein.

... DU SELBST ZU SEIN!

Die Kraft der Entscheidung

Hör auf zu sagen: »Das kann ich nicht.«
Du kannst es! Du hast dich nur noch
nicht entschieden, es zu können.

Schaue dir doch noch mal die Seite 130/131 an. Dort steht eine lange Liste mit Dingen, die es zu tun gilt. Diese Liste macht dir schon beim Lesen Freude. Und ganz oben in dem Satz »Wenn du dich neu erfinden willst, entscheidest du dich« stehen die 2 wichtigsten Worte: Entscheide dich.

Das erste Handwerkszeug des »Wie« ist die Kraft der Entscheidung. Wenn wir ein neues Ziel angehen wollen, steht an erster Stelle immer die Entscheidung. Ohne eine Entscheidung geschieht überhaupt nichts. Das Leben braucht einen »Startschuss«!

Wenn wir uns nicht klar entscheiden, bleibt alles diffus und landet im reinen Wunschdenken.

Dann sagen wir gerne Sätze wie: »Das wäre so schön«, »Ich würde mich freuen, wenn …«, »Ich hab's ja versucht …«. Wir visualisieren vielleicht und stellen uns Dinge vor, aber wir werden nie zur Tat schreiten. Wir werden vielleicht in ein

Umfeld kommen, in dem viele Chancen auf uns warten, aber wir werden sie nicht ergreifen. Dies tun wir erst, wenn wir uns dazu entschieden haben. In vielen bisherigen Übungen haben wir zwar Ziele für uns gefunden, aber ohne eine klare Entscheidung bleiben sie eher ungelebte Sehnsüchte und Hoffnungen.

> Ohne eine klare Entscheidung bleiben Ziele
> nur Möglichkeiten.

Durch die Entscheidung bekommt unsere Sehnsucht einen Willen und eine Richtung. Erst durch den Willen gelingt es uns, Dinge in die Tat umzusetzen. Ohne diesen Willen werden wir nicht bereit sein, anzufangen. Sicherlich kennst du den Spruch: »Wo ein Wille ist, ist auch ein Weg«. Und genauso ist es. Im Willen steckt Durchsetzungskraft. Das Wichtigste aber ist: Erst durch unseren Willen entsteht etwas konkret Zielgerichtetes. Und damit werden unsere Gedanken auf ganz bestimmte Aktivitäten gelenkt.
Wir werden aktiv und beginnen, Chancen anzunehmen.

> Die Entscheidung verwandelt unsere Möglichkeiten
> in klar fokussierte Ziele.

Bevor wir beginnen, loszulaufen, gilt es also, eine klare Entscheidung zu treffen.

Übung: Ich entscheide mich

....

....

....

....

....

....

....

....

....

....

....

....

....

....

....

Minute 1

Für diese Übung suchst du dir nur ein Ziel aus. Ein einziges Ziel genügt. Du kennst ja jetzt genügend Ziele. Aber jetzt konzentrierst du dich auf ein Ziel.

Minute 2–3

Schließe deine Augen und entscheide dich ganz bewusst, dieses Ziel zu erreichen. Du vereinbarst mit dir selbst, daran zu arbeiten und dein Ziel ständig im Auge zu behalten, es als wichtig zu erachten und offen zu sein für alle Informationen, die dir nützlich sein können.

Setze jetzt den Startschuss für den nächsten Schritt.

Minute 4–6

Schreibe dir diese Entscheidung in diese Liste. Unterstreiche die für dich wichtigsten Dinge. Mache Ausrufezeichen dahinter. Schreibe deine Absicht so deutlich und konkret auf wie möglich.

Bleibe aktiv mit deiner Entscheidung verbunden.

Die Entscheidung ist der Motor für alle unsere Ziele. Der wahre Beginn!

Ziele mögen wir viele haben. Aber erst wenn wir uns entscheiden, sind wir wirklich fokussiert. Solange wir uns nicht entschieden haben, haben wir kein klares Ziel vor Augen, sondern nur viele Möglichkeiten, zwischen denen wir hin und her schwanken.

Möglichkeiten zu haben, ist zwar schön, wenn wir sie aber nicht ergreifen, fühlen wir uns minderwertig. Wenn wir uns aktiv für ein Ziel entscheiden, produziert unser Gehirn das Glückshormon Dopamin. Es beeinflusst unser Wohlbefinden und stärkt unser Verlangen zu etwas hin. Es beschenkt uns mit Glücksgefühlen und wirkt motivierend.

Die Ziele präzisieren

Mit den vorherigen 6-Minuten-Übungen konntest du einige deiner Ziele neu definieren und mit Sicherheit sogar neue entdecken. Und das ist gut so. Denn Menschen, die sich für Ziele entschieden haben, sind wesentlich glücklicher.

Ziele motivieren uns. Sie schenken uns Lebensfreude. Durch Ziele entwickeln wir Leidenschaft und Enthusiasmus. Unser Leben bekommt wieder einen Sinn.
Ziele sind Richtungspunkte für unser Leben.

> Wenn wir klare Ziele haben, werden Hindernisse zu überwindbaren Aufgaben.

Man hat sogar herausgefunden, dass wenn wir uns mit unseren Zielen gedanklich beschäftigen, unser Gehirn jede Menge Glückshormone ausschüttet. Unser Gehirn braucht also regelrecht Ziele, um glücklich zu sein.

Für die nächste Übung nimmst du dir eines deiner Ziele nun erneut vor und betrachtest es noch präziser und detaillierter. Jetzt wollen wir unser Gehirn endlich einmal so richtig glücklich machen.

Übung: Ich präzisiere mein Ziel

....

....

....

....

....

....

....

....

....

....

....

....

....

....

....

....

Minute 1–5

Nimm dir dein Ziel noch mal vor. Jetzt schreibe in dieser Liste mindestens 3 Dinge auf, um dein Ziel so genau wie möglich zu beschreiben.

Wie sieht es aus, wie fühlt es sich an, was erwartest du dir davon? Beschreibe es so ausführlich, wie es geht.

Überlege nicht lange. Das Erste, was dir in den Sinn kommt, ist meistens auch das, was die größte Wichtigkeit für dich besitzt.

Minute 6

Lies dir deine Beschreibung noch einmal durch.

Lohnt es sich dafür, an deinen Zielen dranzubleiben? Was brauchst du noch? Welche Richtung möchtest du deinem Ziel noch geben? Fühlt es sich vollständig an oder fehlt etwas? Brauchst du dazu andere Menschen? Brauchst du dazu einen Businessplan oder mehrere Gespräche in der Familie? Entscheide dich, jetzt mit mindestens einer Sache, die du zum Erreichen deines Zieles aufgelistet und beschrieben hast, in Aktion zu treten.

Je klarer du dein Ziel beschrieben hast, je besser du dir vor Augen geführt hast, was du wirklich willst, umso größer ist die Chance, deine Kräfte zu bündeln und in die richtige Richtung zu gehen.

Wenn du nicht weißt, mit welchem Ziel du dich als Erstes beschäftigen sollst, dann nimm dir einfach das vor, bei dem dein Herz – allein beim Gedanken daran – vor Aufregung schneller zu schlagen beginnt. So ein bisschen »Premierenfieber« kann sehr hilfreich sein, wenn man herausfinden will, was einem am wichtigsten erscheint.

Und nimm dir nicht zu viele Ziele gleichzeitig vor. Das könnte dich überfordern. Denn es wird dein Glücksgefühl nicht steigern, wenn du alle Ziele gleichzeitig angehst und sie nur mit viel Mühe und Kraftaufwand erreichst. Ein Ziel nach dem anderen zu erreichen, macht viel mehr Freude und ist auch wesentlich entspannender.

Nur wenn wir uns ändern, bleiben wir uns treu.
Und wenn wir glauben, bereits jemand zu sein,
dann haben wir in Wahrheit aufgegeben, jemand
zu werden, der wir immer werden wollten. Wenn
wir keinen Mut für Träume haben, dann haben wir
auch keine Kraft, uns dafür einzusetzen.

Liebe

Spaß

Glück

Fülle

Erfolg

Freude

Begeisterung

Das Wunder der kleinen Zwischenschritte

Nun gehen wir noch einen Schritt weiter. Denn egal, welches Ziel wir uns aussuchen und wie groß oder klein unser Vorhaben ist, jedes Ziel benötigt Zwischenschritte.

Setzen wir uns keine Zwischenschritte, wird es schwer werden, unser Ziel zu erreichen. Denn wir benötigen Erfolgserlebnisse, um motiviert zu bleiben.

Nehmen wir uns nur ein Endziel vor, werden wir nicht das Gefühl haben, voranzukommen, und wesentlich rascher enttäuscht aufgeben. Ist das Ziel zu weit oder zu hoch gesteckt, werden wir womöglich auf halbem Weg schlappmachen.

> Konzentriere dich immer wieder auf die
> kleineren Etappen. Zwischenschritte geben
> dir die Sicherheit und das Gefühl,
> dass du tatsächlich alles erreichen kannst.

Darüber hinaus ermöglichen Zwischenschritte es uns, immer wieder kleine Erfolge zu feiern. Und viele kleine Erfolge sind ein gewaltiger Motivationsschub.

Entscheide dich, in dieser kleinen Übung für ein bestimmtes Ziel, das du erreichen willst. Anschließend listest du ganz konkret alle Dinge auf, die dir als brauchbar erscheinen, um zu deinem Ziel zu kommen.

Wenn wir mit dieser Übung beginnen, wird unser Verstand sowieso daran weiterarbeiten.
Wahrscheinlich wird dir am nächsten Morgen noch mehr einfallen. Und am übernächsten Tag noch mehr.
Das Wichtige ist nur, dass du ganz konsequent dranbleibst und alles aufschreibst, was dir in den Sinn kommt. Trage also immer wieder Ideen zu Zwischenschritten in dieser kleine Zeichnung nach.

Übung: Ich präzisiere die Zwischen-schritte zum Ziel

1. ....

2. ....

3. ....

4. ....

5. ....

6. ....

7. ....

8. ....

9. ....

10. ....

Minute 1

Links findest du eine Liste mit den Zahlen 1 bis 10. Auf die 10. Position schreibst du dein Ziel, also das, was du erreichen willst.

Minute 2–5

Nun listest du bei den Positionen 1 bis 9 alle Zwischenschritte auf, die deiner Meinung nach notwendig sind, um dein Ziel zu erreichen. Liste auch alle Zwischenschritte auf, die du auf dem Weg dorthin bereits jetzt leisten kannst. Jede Position markiert den klar definierten Schritt, für den du dich auf deinem Weg zum Ziel entscheidest.

Minute 6

Jetzt lies dir das Notierte durch und treffe eine Vereinbarung mit dir selbst, an dieser Liste zu arbeiten und die Schritte zeitnah umzusetzen.

Wenn du möchtest, dann kannst du auch ein Zeitfenster dazu schreiben, in dem du jeden Schritt mit Leichtigkeit umsetzen kannst. Das kann variieren zwischen einer Woche und einem oder mehreren Monaten – je nachdem, was das für ein Ziel ist.

Während der Beschäftigung mit deinem Ziel wirst du vielleicht bemerkt haben, wie es immer mehr Gestalt annahm und für dich greifbarer wurde. Möglicherweise bist du in eine freudige Erwartungshaltung hineingekommen – das ist wunderbar!

Je klarer unser Ziel für uns wird, desto mehr Endorphine schüttet unser Gehirn aus. Klare Ziele machen glücklich. Das Gehirn beschenkt uns mit Glückshormonen. Warum das so ist? Alles in uns möchte, dass es uns besser geht. Alles in uns ist darauf geeicht, dass wir in unserer Entwicklung vorankommen.

Du wirst sehen, wie es ist, wenn du aktiv wirst und den ersten Zwischenschritt erfolgreich hinter dir gelassen hast. Dieses Gefühl kann man nur erleben, nicht beschreiben. Schon beim Gedanken daran werde ich glücklich. Auch du wirst es erfahren. Schon bald. Deshalb mache wirklich kleine Zwischenschritte, umso schneller kommst du voran.

Feiere jeden noch so kleinen Erfolg. Unser Gehirn benötigt diese bewusste Wahrnehmung. Es motiviert uns, weiterzumachen.

Und denke daran: Jeder Zwischenschritt, den du erreichst, ist ein erneuter Grund, stolz auf dich zu sein.

Die Kraft der Imagination – den Zielen Bilder geben

Dein Geist ist wie ein Garten
und deine Gedanken sind wie der Samen.
Du kannst Blumen und Bäume wachsen lassen –
oder aber Unkraut.

Eines der wichtigsten Handwerkszeuge auf der Suche nach dem »WIE« ist also die Kraft der Imagination – die Kraft der inneren Bilder. Da das Gehirn – wie du weißt – in Bildern denkt, ist unsere Fähigkeit, zu visualisieren, gefragt!

Die Bilder in unserem Kopf können eine sehr starke Wirkung haben.

»Ärzte und Psychologen kennen die inneren Bilder und wie diese, richtig angewendet, Krankheiten heilen, das Leben verändern und sogar eine neue Welt erschaffen können. In Therapien geben sie dieses Wissen an ihre Patienten weiter – mit oft sensationellen Ergebnissen. (…).

Doch das Feld der Möglichkeiten ist noch viel größer (…), denn jeder Mensch kann die Chancen der Fantasie für sich nutzen.«[15]

Neueste Computerbilder von unserem Gehirn zeigen inzwischen, welche atemberaubende Kraft hinter den inneren Bildern, also unserer Imagination, steckt.

Und die Wissenschaft versteht nun langsam, wie dieses Zusammenspiel funktioniert. Die Kraft der inneren Bilder wirkt an der Nahtstelle zwischen unserem Bewusstsein und unserem Unterbewusstsein, und ermöglicht uns ungeahnte Leistungen.

Die Imagination ist Mittler zwischen Bewusstsein und Unterbewusstsein.

Daher wäre es richtig gut, wenn du diese Kraft der Imagination immer und immer wieder für dich nutzt. Sooft es dir möglich ist. Morgens, abends, in der U-Bahn, in der Warteschlange oder wenn dir langweilig ist.

Dann wirst du rasch bemerken, was sich alles in dir wandelt. Dein Selbstverständnis, dein Selbstwertgefühl, deine Motivation und die Erreichbarkeit deiner Ziele.

Diese mentale Übung kannst du für jedes neue Ziel, das du dir vornimmst, benutzen. Das einzig Wichtige ist, dass du sie sooft wie möglich machst.

Wie du mental an deinem Ziel dranbleiben kannst

Wann immer du Lust hast oder die Zeit es dir erlaubt, schließt du die Augen und stellst dir dein Ziel vor deinem inneren Auge so plastisch wie möglich vor.
Stelle dir vor, wie du es erreichst. Fühle, wie glücklich du bist. Wie erleichtert. Wie sich andere mit dir freuen.

Stelle dir auch deinen nächsten Schritt vor. Sieh, wie leicht und schnell du alles schaffst. Wenn deine Gedanken abschweifen, holst du sie einfach wieder zurück. Sammle sie ein. Wie bei kleinen Kindern, die sich wieder konzentrieren sollen. Gehe jeden Schritt, jede Entscheidung so bildlich wie möglich durch.
Je klarer und deutlicher und detaillierter die Bilder sind, desto besser. Lasse die Abläufe immer und immer wieder vor deinem inneren Auge ablaufen. Übe dich im Visualisieren.

Wenn wir im Kopf gezielt innere Bilder erzeugen, können wir Leistungen erzielen, die uns vorher nicht möglich waren.

Visualisierungen entstehen zwar im Kopf, aber sie haben enormen Einfluss auf unsere Realität.

Warum Affirmationen so wirkungsvoll sind

Affirmationen sind positive Glaubenssätze.
Richtig formuliert, bejahen sie unsere Lebensziele. Werden sie beständig wiederholt, wandern sie tief in unser Unterbewusstsein. Sie erweitern unseren Wahrnehmungsfilter und erneuern – überschreiben – und ersetzen die bisherigen (bremsenden) Überzeugungen und Anschauungen.

> Affirmationen programmieren unser Gehirn gezielt um.

Affirmationen werden auf die gleiche Art und Weise genutzt wie unsere bisherigen, destruktiven Gedankengänge auch: Durch ständige Wiederholung.

Die neu formulierten und positiven Glaubenssätze sollten immer eine lebensbejahende, das Selbstwertgefühl stärkende Formulierung beinhalten.
Früher nannte man dies »Autosuggestion«. Wir suggerieren uns willentlich und mit vollster Absicht das, was wir uns als Ziel vorgenommen haben. Wir coachen uns selbst zum Ziel.

Die Technik, Affirmationen richtig zu formulieren, ist sehr einfach: Sie sollten immer ein positives Bild und ein positives Gefühl entstehen lassen.

Affirmationen sollten uns zu einem Ziel hinführen, nicht von etwas weg.

Benutze daher keine Sätze, die Wörter wie »nicht« oder »kein« enthalten. Das Unterbewusstsein versteht Verneinungen nicht. Es denkt in Bildern. Es braucht ganz klare, präzise Botschaften, die nach vorne gehen – wie zum Beispiel: »Ich bin innerlich und äußerlich reich.«

Falsch: »Ich erreiche mein Ziel mühelos.« – Warum? Weil das Wort »Mühe« etwas mit »Schwere« und »Kampf« zu tun hat und dies eher negative Bilder in uns erzeugen wird.

Richtig: »Ich erreiche mein Ziel mit Leichtigkeit.«
Dieser Satz ist positiv formuliert, geht nach vorne und suggeriert Spaß und Freude.

Das Wichtigste an Affirmationen ist – sie sollen Spaß machen. Und motivieren. Kraft schenken. Und Vertrauen. Sie sollen positive Bilder entwerfen.
Schließlich sollen wir sie ja ständig wiederholen – bis sie zu unserer neuen Wahrheit geworden sind.

Die Top 10 der beliebtesten und erfolgreichsten Affirmationen

Suche dir deine Lieblingsaffirmation aus und nutze sie, sooft du möchtest. Gehe dabei ganz intuitiv vor. Was sich gut anfühlt, ist im Moment die richtige Affirmation für dich. Spreche sie ein paarmal in Gedanken aus und spüre genau nach, was dieser Affirmationssatz bei dir bewirkt.
Wie fühlt es sich an? Welche Bilder entstehen?

Sage oder denke die Sätze, sooft es dir Freude macht. Kurz vor dem Zubettgehen oder morgens in der Straßenbahn, mittags im Büro, in der Warteschlange vor der Kasse oder beim Radfahren durch den Park.

Wir haben die Macht darüber, welche Gedanken wir zulassen wollen.

Durch neue positive Glaubenssätze gewinnen wir eine neue positive Lebenseinstellung.
Durch eine neue positive Lebenseinstellung wandelt sich unser Leben wieder ins Positive.

Affirmationen

1. Ich bin einzigartig und eine starke Persönlichkeit.

2. Ich bin offen für die Talente, die sich in mir entwickeln.

3. Ich bin frei, das zu tun, was ich mir wahrhaftig wünsche.

4. Ich lebe die Werte, die mir wichtig sind.

5. Ich bin überzeugt davon, dass meine Ideen erfolgreich sind.

6. Ich spreche klar und deutlich aus, worum es mir geht.

7. Ich vertraue darauf, dass alles richtig und gut ist, so wie es ist.

8. Ich entspanne mich und lasse allen Leistungsdruck los.

9. Alle Lernaufgaben im Leben sind willkommen.

10. Ich öffne mein Herz für die Leichtigkeit.

Dankbarkeitspäckchen packen

Hier kommt eine der besten Motivationsübungen:
»Verbinde dich mit dem Gefühl der Dankbarkeit.«

Wenn wir einmal die Dinge in unserem Leben zu betrachten beginnen, die bereits gut laufen, wird uns wahrscheinlich erst so richtig bewusst, wie viel in unserem Leben bereits vollkommen in Ordnung ist. Mehr jedenfalls, als wir vielleicht dachten.

Solange wir jedoch unseren Blick nur auf unseren Mangel lenken, wird der Mangel in unserem Leben zunehmen. Denn auf diese Weise beauftragen wir unser Gehirn regelrecht, weiter Ausschau danach zu halten.
Schauen wir nur auf das, was uns nicht gefällt, wird uns bald die ganze Welt nicht mehr gefallen.
Wenn wir dankbar sind für das, was wir haben, verbinden wir uns nicht nur mit der inneren und äußeren Fülle, wir fühlen uns auch wohl und zufrieden.

Dankbarkeit ist die Triebfeder der Liebe.

Wir beginnen, uns zu mögen, uns anzunehmen und zu lieben. Wir finden auch wieder Gefallen am Leben.

Wir bejahen unser Leben. Und!! Wir erweitern auf diese Weise unseren Wahrnehmungsfilter für weitere Geschenke des Lebens. Richten wir unser Augenmerk auf all das, was bereits schön ist in unserem Leben, zeigen wir uns selbst, dass wir zu Erfolg fähig sind. Wir überzeugen uns auf diese Weise, dass wir auch weiteren Erfolg in unser Leben ziehen können.

Wusstest du, dass nur 1 Prozent der gesamten Welt-bevölkerung einen PC hat? Und ebenso nur 1 Prozent auf der ganzen Welt einen Universitätsabschluss?
3 Milliarden Menschen können nicht zur Kirche gehen, ohne Angst haben zu müssen, bedroht, gefoltert oder getötet zu werden.
75 Prozent der Menschen auf dieser Erde haben kein Dach über dem Kopf, keinen Platz zum Schlafen oder gar Essen im Kühlschrank.
Nur 8 Prozent der Menschen auf dieser Welt haben Geld auf der Bank.[16]

Es gibt 1.000 Dinge, für die wir dankbar sein können. Die meisten Menschen auf dieser Welt können nicht in den Urlaub fahren, sie haben kein Telefon, keinen Fernseher und schon gar kein Auto. Viele von ihnen müssen kilometerweit gehen, um an Trinkwasser zu kommen. Millionen von Menschen wird vorgeschrieben, wen sie heiraten müssen. Sie dürfen nicht zur Schule gehen oder studieren oder einen eigenen Beruf ausüben. Selbst eine solche »Kleinigkeit« wie fließend warmes Wasser ist für viele Menschen ein nicht erreichbarer Luxus.

Was für uns ganz normal ist, ist also gar nicht so normal. Wofür du dankbar sein kannst? Du gehörst zu einer Minderheit in dieser Welt, der es außergewöhnlich gut geht.

> Eine der schnellsten Möglichkeiten, Ziele zu erreichen, ist, sich bewusst zu machen, was wir bereits alles erreicht haben.

Wir können natürlich auch für all die Menschen dankbar sein, die uns geholfen haben, zu der Person zu werden, die wir heute sind. Unsere Eltern, Freunde, Bekannte, Lehrer … Ohne unsere Mitmenschen hätten wir vieles nicht geschafft.

Um uns selbst aus dem Kreislauf der Unzufriedenheit herauszuholen und wieder die Fülle wahrzunehmen, ist Dankbarkeit die beste und schnellste Übung.

Bedanken sollte man sich aus tiefstem Herzen. Bedanken ist ein zutiefst zufriedenstellender und glücklich machender Vorgang. Wenn du deine Wahrnehmung darauf richtest, wofür du alles dankbar bist, dann entsteht etwas sehr Erstaunliches: Dein Leben wird angenehm leicht und du beginnst, wieder glücklich zu sein.

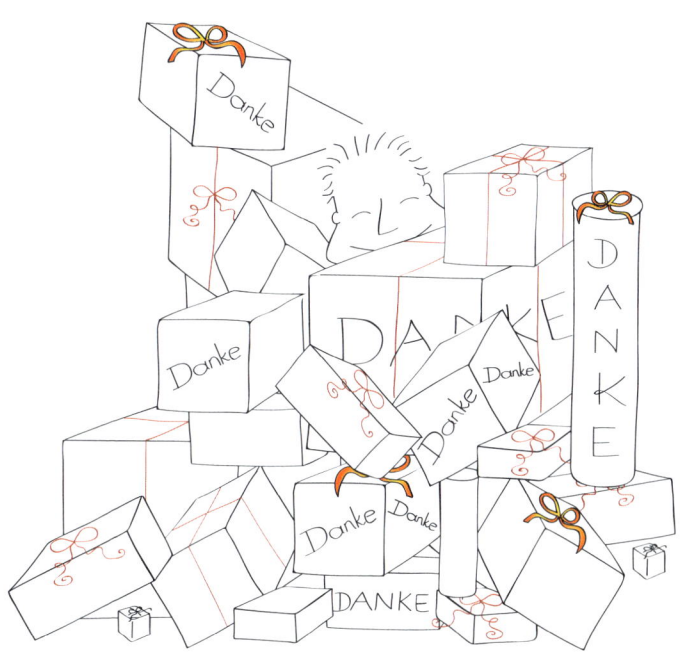

Übung: Ich packe meine Dankbarkeitspäckchen

Zeichne dich und schreibe deinen Namen über diese Figur.

Jetzt male lauter kleine Geschenkpäckchen um dich herum –
oder staple sie auf.

Auf jedes Päckchen schreibst du drauf, wofür du dankbar
bist. Die großen Dinge können auch große Päckchen sein,
für die kleineren Dinge zeichnest du kleinere Päckchen.
Zeichne ganz viele verschiedene Päckchen in verschiedenen
Farben. Wofür bist du alles dankbar?

Das kann eine Eigenschaft sein, die du mitgebracht oder
selbst entwickelt hast. Das kann auch deine Familie sein.
Dein Partner. Oder deine Freunde. Das können auch kleine
Dinge sein, auf die du stolz bist. Vielleicht, dass du jeden Tag
etwas zu essen hast. Oder eine Wohnung.

Spüre in dich hinein, lass dein Herz sprechen, verbinde dich
mit deinen Gefühlen. Betrachte ganz gezielt in dieser Übung
ausschließlich die Dinge, die gut gelaufen sind in deinem
Leben und die heute noch gut laufen.

Minute 6
Betrachte dich und dein Leben. Wie reich du bist! Wie
erfüllend dein Leben bereits ist. Betrachte die Fülle, die dich
umgibt. Spüre, wie das Gefühl der Dankbarkeit dein ganzes
Sein ausfüllt.

Vereinbare mit dir selbst, dass du dich immer wieder mit dem Gefühl der Dankbarkeit verbindest. Vereinbare mit dir selbst, diese Übung sooft es geht zu machen – auch außerhalb deiner vier Wände. Betrachte dein Umfeld und finde in allem und jedem etwas, wofür du dankbar bist.

Sage dir immer wieder im Alltag, auf Reisen oder in bestimmten Situationen in Gedanken: »Ich bedanke mich für …«. Dann wirst du bemerken, wie du langsam, aber sicher immer mehr die Fülle und den Reichtum in deinem Leben wahrnimmst. Du wirst entspannter und glücklicher sein.

Das Leben wird wieder leicht und fließend.

Was wolltest du schon immer einmal tun?

Eines Tages wirst du aufwachen
und es wird nicht mehr viel Zeit sein,
all die Dinge zu tun, die du tun wolltest.
Darum: Tu sie jetzt.

Das kennst du sicher auch: Die Zeit rast an dir vorbei und du wolltest noch so vieles erleben. Aber dann kam die Beziehung, der Beruf, die Kinder, die Eltern und noch viele andere 1.000 Dinge dazwischen … insgeheim weißt du aber, dass die Zeit genau JETZT ist, wann du diese Dinge erleben willst und noch kannst. Also! Schreibe deine ganz persönliche »Diese Dinge tue ich noch, bevor es dafür fast zu spät ist«-Liste.

Meine Mutter zum Beispiel hat mit 70 Jahren noch einen Tandem-Fallschirmsprung gemacht. Eine Seminarteilnehmerin hat mit 65 noch den Hubschrauberführerschein gemacht. Mein Schwiegervater hat mit 65 noch Jura studiert und mit 70 promoviert. Es ist nie zu spät für die Dinge, die einem Spaß machen!

Übung: Das will ich in meinem Leben noch tun

....

....

....

....

....

....

....

....

....

....

....

....

....

....

....

Liste hier alle die verrückten Erlebnisse auf, die du noch erleben willst. Und falls in deinem Kopf ein »Ja, aber« entsteht, dann schreibst du es neben deinen Punkt und streichst es dick und fett aus. Kein Mensch braucht ein »Ja, aber …« – am wenigsten du selbst!

Zum Beispiel: Ich mache den Motorradführerschein, ich besuche einen Tango-Tanzkurs. Ich male ein Bild. Ich verbringe eine Nacht an einem Strand, reise mit dem Fahrrad durch Kambodscha. Ich umarme einen Elefanten. Lerne auf den Malediven tauchen. Schwimme mit Delfinen. Ich mache mit dem Kanu eine Wildwasserfahrt. Besuche ein Yoga-Retreat. Fahre mit Freunden nach Las Vegas …
Schreibe alles auf, was dir spontan dazu einfällt. Gleichgültig, ob es jetzt im Moment für dich erreichbar ist oder nicht. Begrenze dich nicht.
Hier geht es um deine pure Lebensfreude.

Vereinbare mit dir, diese Liste Punkt für Punkt zu verwirklichen – völlig gleichgültig, wie lange du dafür brauchst. Wichtig ist nur, dass du beständig und konsequent dranbleibst. Und auch hier – nutze deine mentale Kraft. Nutze die Wirkung der inneren Bilder. Stelle es dir so bewusst und klar vor, wie du nur kannst. Und gehe in die Vorfreude.

Vielleicht wirst du schon bald etwas Erstaunliches feststellen. Deine Ziele kommen dir entgegen. Sie werden immer erreichbarer. Du bekommst möglicherweise völlig überraschend Informationen, die dich in die richtige Richtung führen, oder es ergeben sich neue unerwartete Chancen.

Beständigkeit ist gefragt

Training jeglicher Art, auch mentales Training, zeigt keinen Erfolg, wenn man so mal nebenbei und eher willkürlich eine Übung ausführt, dann wieder einige Zeit nicht und dann, wenn es einem einfällt, dann doch mal wieder.

Erfolge zeigen sich, wenn man das Training zu einer Routine werden lässt. Also Übungen stets wiederholt, und zwar planmäßig, am besten immer zu einer bestimmten Zeit. Diese sollten ebenso eine gewisse Systematik aufweisen und zielgerichtet sein. Dafür eignen sich die 6-Minuten-Übungen hervorragend. Allerdings sollten wir bedenken: Auch ein Sportler bleibt nur so lange fit, wie er trainiert. Ebenso ein Musiker oder Maler. Oder Sänger. Genauso verhält es sich beim mentalen Training.

Solange wir mental stark und fokussiert bleiben, werden wir Erfolg haben. Mental stark zu sein, kann uns sogar Spaß machen. Mit Sicherheit sogar. Es wartet also jede Menge Lebendigkeit und Lebensfreude auf uns. Wir werden wahrscheinlich bereits nach wenigen Tagen einen Zuwachs an Energie spüren können.

Die Freude kommt mit dem Tun. Allerdings, ja, wir müssen es auch wirklich tun. Lesen allein hilft uns hier nicht weiter.

Die beste Weise, unser Leben zum größtmöglichen Erfolg zu führen? Wir lassen unsere 6 Minuten zu einer Gewohnheit werden, die wir täglich ausüben.

Erfolgreiches Training nähert sich durch regelmäßige Schritte dem Ziel. Auch im Alltag.

Wie viele Versuche gibst du dir?

Höre auf, darauf zu warten, dass Dinge eintreffen.
Gehe raus und sorge dafür, dass sie passieren!

Du kennst nun deine Ziele. Du kennst die Zwischenschritte. Und du hast dich entschieden.

Nun gilt es nur noch zu klären: Wie viele Versuche gibst du selbst?

Einen? Zwei? Drei? Oder gar vier?

- Wenn Howard Schultz aufgegeben hätte, nachdem er von den Banken 242-mal ein »Nein« gehört hatte, würde es heute kein *Starbucks* geben.
- Wenn J. K. Rowling mit dem Schreiben aufgehört hätte, nachdem unendlich viele Verlage kein Interesse gezeigt hatten, gäbe es keinen *Harry Potter*.
- Wenn Walt Disney sich geschlagen gegeben hätte, nachdem sein Themenparkkonzept 302-mal abgelehnt worden war, dann gäbe es kein *Disneyland*.

Was auch immer deine Entschuldigung ist, es ist jetzt Zeit, aufzuhören, an deinen Misserfolg zu glauben.

Eines ist sicher: Wenn du zu früh aufgibst, wirst du nie erfahren, was du alles geschafft hättest und wozu du fähig gewesen wärst. Halte durch und gib niemals auf.

- Michael Jordan wurde auf der Highschool aus dem Basketballteam rausgeworfen, schloss sich in sein Zimmer ein und weinte.
- Die Beatles wurden von den Decca Recording Studios abgelehnt, da man dort ihren »Sound« nicht mochte. Man sagte, sie hätten keine Zukunft im Showbusiness.
- Steve Jobs war mit 30 Jahren depressiv und zerstört, als man ihn aus der Firma warf, die er gestartet hatte.
- Oprah Winfrey wurde von ihrem Job als Nachrichtensprecherin entlassen, da sie für das Fernsehen angeblich nicht geeignet sei.
- Albert Einstein konnte bis zum Alter von vier Jahren nicht sprechen und die Lehrer sagten, man dürfe nicht zu viel von ihm erwarten.

Wenn du nicht versagt hast, dann hast du bis heute nichts Neues ausprobiert. Also? Wie viele Versuche gibst du dir? Lohnen sich deine Ziele, dranzubleiben?

Geschafft!

Gratuliere. Nun hast du wirklich viel geschafft.

Mit Sicherheit hat sich bereits jetzt schon einiges in deinem Leben geändert. Alte neurologische Muster wurden von neuen neurologischen Mustern überschrieben. Und genau diese neuen Muster bestimmen dein künftiges Leben.

Aber denke daran, das Gehirn löscht alte Muster nicht, es umwickelt sie mit den neuen. Die alten Muster sind also noch immer da. Sie sind zwar wirkungslos geworden, aber wenn wir wieder in alte Gewohnheiten zurückfallen, werden sie auch wieder aktiviert.
Alles in unserem Leben geschieht nach unseren Überzeugungen, Erwartungen und der Art unserer Betrachtungsweise.
Möchtest du dein Leben weiterhin auf wundervolle Weise gestalten, dann solltest du auch weiterhin auf deinem neuen Weg bleiben.

Mache jeden Tag eine dieser 6-Minuten-Übungen, egal welche. Suche dir einfach diejenige heraus, die dich gerade anspricht.

Du kannst Übungen wiederholen, sie sooft machen, wie sie dir Spaß bereiten, mehrere davon auslassen, die Reihenfolge selbst bestimmen. Jede Übung hat nur einen Sinn: Gewohnheiten zu kreieren, die dir helfen. Vertraue deiner Intuition. Vertraue deinem Gefühl. Lass dich von dir selbst leiten und führen. Lass diese Übungen zu deiner Gewohnheit werden. Gib dir selbst die Chance.

Schenke dir immer wieder diese 6 Minuten, die dein Leben verändern können.

Über den Autor

Pierre Franckh gehört mit einer Gesamtauflage von über 2,5 Millionen Büchern, CDs, DVDs und Kalendern zu den erfolgreichsten deutschen Autoren. Seine Bücher sind in 21 Ländern erschienen. Pierre Franckh hält Vorträge auf der ganzen Welt und gibt Seminare vor ausverkauften Häusern. Als Mental-Trainer und Motivationscoach ist er in der Wirtschaft tätig, ebenso als Ausbilder für viele Ärzte, Kinesiologen und Heilpraktiker. Nach seinen Regeln und Anweisungen haben unzählige Menschen ihr Leben verändert.

Weitere Info unter: www.pierre-franckh.de

Online-Test

Möchtest du dich neu erfinden?

Mach den großen Online-Test auf:

www.pierre-franckh.de/online-test

Und erfahre, welche Übungen am besten zu dir passen –
auf dem spannenden Weg zu deinem neuen Selbst!

Was motiviert euch?

Ich freue mich über jeden Impuls oder eine Erfolgsgeschichte
von euch.
Wenn du magst, kannst du uns sehr gerne deine
Erfolgsgeschichte, deine persönlichen Erlebnisberichte
oder Motivationstipps an info@pierrefranckh.de mailen.

Wer auch meinen 14-tägigen Newsletter beziehen möchte,
kann sich gerne auf meiner Homepage eintragen oder mir eine
kurze Mail schicken. Der Newsletter ist natürlich kostenlos.

www.pierre-franckh.de

Wochenendseminare

Das Eingehen auf persönliche Fragen und Anliegen während des Seminars kann einen tieferen Einblick in die eigenen Verhaltensweisen geben und Möglichkeiten aufzeigen, wie man aus dem Kreislauf der einengenden Muster aussteigen und neue Lebensqualität gewinnen kann.

Die Termine für die Seminarreihen: *Erfinde dich neu, Beruf & Berufung, Liebe & Partnerschaft, Ziele definieren & Visionen leben* etc. findest du auf: www.pierre-franckh.de

Coach-Ausbildung

Die Ausbildung zum Coach mit Pierre Franckh richtet sich an alle, die als Coach arbeiten möchten beziehungsweise beabsichtigen, dieses Training in ihr bisheriges Beratungsangebot zu integrieren.
Mit dieser umfassenden Ausbildung erhältst du genau das Handwerkszeug, um Menschen umfassend zu unterstützen.

www.pierre-franckh.de
oder Seminarorganisation Wolfgang Gillessen
Tel. 0 89 / 68 07 07 02
E-Mail: wgillessen@t-online.de

Quellenverzeichnis

1 – Seite 15: Hans Eberspächer – Professor für Sportpsychologie an der Universität Heidelberg. Eberspächer beschreibt diesen realen Fall in seinem Buch: *Gut sein, wenn's drauf ankommt* (Carl Hanser Verlag: München, 2011) sehr ausführlich.

2 – Seite 22: Der Hamburger Arzt Gustav Heyer berichtete über diesen Versuch – In diesem Fall stellte sich der Proband vor, er würde am Rand eines hohen Hafenbeckens stehen. Weit unter ihm das Wasser, wobei der Proband selbst nicht schwimmen konnte. Es war also klar, dass er ertrinken würde. Allein der Gedanke genügte, die Pulsfrequenz ansteigen zu lassen. (Siehe auch PM 08/2012).

3, 4, 6 – Seite 23f.: PM 08/2012.

5 – Seite 23: Dr. Dave Smith, Manchester Metropolitan University, Department: Exercise & Sport Science.

7 – Seite 25: Prof. Dr. Christian E. Elger, Direktor der Klinik für Epileptologie der Universität Bonn (www-uni-bonn.tv).

8 – Seite 25: PM 01/2013.

9 – Seite 26: Charles Duhigg: *The Power of Habit. Why We Do What We Do in Life and Business.* Random House: New York, 2012.

10, 11 – Seite 29f.: Prof. Dr. Barbara L. Fredrickson, Mitbegründerin der Positiven Psychologie und Professorin für Psychologie an der University of North Carolina in ihrem Buch: *Die Macht der guten Gefühle,* Campus Verlag: Frankfurt am Main, 2011.

12 – Seite 32: Martin E. P. Seligmann, Sozialpsychologe an der University of Pennsylvania und ehemaliger Präsident der *American Psychological Association* (APA).

13 – Seite 90: Prof. Dr. Barbara L. Fredrickson (Professorin für Psychologie an der University of North Carolina) hat einen sehr interessanten Test gemacht. Dies hat mich auf die Idee gebracht, ihn abzuwandeln und zu einer 6-Minuten-Übung zu machen.

14 – Seite 95: Langzeitstudie von Dr. Thomas Joiner, Direktor der Psychology Clinic – Florida State University.

15 – Seite 147: Hans-Hermann Sprado, ehemaliger Chefredakteur P. M. Magazin

16 – Seite 157: Diese Gedanken basieren auf Berechnungen von Dr. Philip M. Harter von der Medizinischen Fakultät der Stanford University, Kalifornien.

Wie findet dich die wahre Liebe?

180 Seiten. ISBN 978-3-442-34126-9

Die wahre Liebe zu finden ist leichter als wir denken.
Denn Suchende gibt es zu Tausenden. Pierre Franckh
stellt 6-Minuten-Übungen vor, um sich für eine
erfüllende Partnerschaft zu öffnen. Eine spielerische
Möglichkeit für ein neues Glück in der Liebe.

arkana